缤纷以色列

主　编　孟振华　　副主编　胡　浩　艾仁贵

以色列地理

徐　新　著

南京大学出版社

图书在版编目（CIP）数据

以色列地理 / 徐新著 . -- 南京：南京大学出版社，2022.7
（缤纷以色列 / 孟振华主编）
ISBN 978-7-305-25310-2

Ⅰ.①以… Ⅱ.①徐… Ⅲ.①地理 – 以色列 Ⅳ.①K938.2

中国版本图书馆 CIP 数据核字（2022）第 006695 号

出 版 者	南京大学出版社
社　　址	南京市汉口路22号　　邮　编　210093
出 版 人	金鑫荣

丛 书 名	缤纷以色列
丛书主编	孟振华
书　　名	**以色列地理**
著　者	徐　新
责任编辑	田　甜　　编辑热线　025-83593947

照　　排	南京新华丰制版有限公司
印　　刷	南京爱德印刷有限公司
开　　本	880×1230　1/32　　印张3.75　　字数112千
版　　次	2022年7月第1版　2022年7月第1次印刷
ISBN	978-7-305-25310-2
定　　价	30.00元

网址：http://www.njupco.com
官方微博：http://weibo.com/njupco
官方微信号：njupress
销售咨询热线：（025）83594756

* 版权所有，侵权必究
* 凡购买南大版图书，如有印装质量问题，请与所购图书销售部门联系调换

编辑委员会

主　任：徐　新

副主任：宋立宏　孟振华

委　员：艾仁贵　胡　浩　孟振华　宋立宏
　　　　徐　新　张鋆良　[以] Iddo Menashe Dickmann

主　编：孟振华

副主编：胡　浩　艾仁贵

总 序

以色列国是一个充满奇迹的地方。早在两千多年前,犹太人的祖先就在这里孕育出深邃的思想,写下了不朽的经典,创造了璀璨的文明,影响了整个西方世界。在经历了两千年漫长的流散之后,犹太人又回到故土,建立起一个崭新的现代国家。他们不仅复兴了民族的语言和文化传统,更以积极的态度参与和引领着现代化的潮流,在诸多领域都取得了足以傲视全球的骄人成绩。

中犹两个民族具有诸多共同点,历史上便曾结下深厚的友谊。中国和以色列建交已30年,两国人民之间的交往也日益密切和频繁,各个领域的合作前景乐观而广阔。赴以色列学习、工作或旅行的中国人越来越多,他们或流连于其旖旎的自然风光,或醉心于其深厚的文化底蕴,或折服于其发达的科技成就。近年来中文世界关于以色列的书籍和网络资讯更是层出不穷,大大拓宽了人们的视野。

不过,对于很多中国人来说,这个位于亚洲大陆另一端的小国仍然是神秘而陌生的。即使是去过以色列,或与其国民打过不少交道的人，所了解的往往也只是一些碎片信息，不同的人对于同一问题的印象和看法常常会大相径庭。以色列位于东西方交汇点的特殊位置和犹太人流散世界各地的经历为这个国家带来了显著的多元性，而它充沛的活力又使得整个国家始终处在动态的发展之中。因此，恐怕很难用简单的语言和图片准确地勾勒以色列的全景。尽管如此，若我们搜集到足够丰富的碎片信息，并能加以综合，往往便会获得新的发现——这正如转动万花筒，当碎片发生新的组合时，就会产生无穷的新图案和新花样，而我们就将看到一个更加缤纷多彩的以色列。

　　作为中国高校中率先成立的犹太和以色列研究机构，南京大学犹太和以色列研究所携手南京大学出版社，特地组织和邀请了多位作者，共同编写这套题为《缤纷以色列》的丛书，作为中以建交30周年的献礼。丛书的作者中既有专研犹太问题的顶尖学者，也有与以色列交流多年的业界精英；既有成名多年的资深教授，也有前途无量的青年才俊。每位作者选择自己熟悉和感兴趣的专题撰写文稿，并配上与内容相关的图片，用图文并茂的形式呈现给读者，力求做到内容准确，通俗易懂，深入浅出，简明实用。也许，每本书都只能提供几块关于以色列的碎片，但当我们在这套丛书内外积累了足够多的碎片，再归纳和总结的时候，就算仍然难以勾勒这个国家的全景，也一定会发现一个崭新的世界。

孟振华

2021年3月谨识

目 录

一　概　述 …………………………………… 001

二　地理史 …………………………………… 003

三　今日以色列国 …………………………… 015

四　珍贵的自然资源：河流湖泊 …………… 040

五　氤氲山峰特有的历史文化 ……………… 054

六　港口——经济贸易的枢纽平台 ………… 071

七　国家公园——探寻尘封的历史 ………… 084

结语：重整河山　旧貌换新颜 …………… 097

参考文献 …………………………………… 099

附录1　中以交往一枝春 …………………… 100

附录2　南京大学黛安/杰尔福特·格来泽犹太和以色列研究所简介 ……………… 106

概 述

一个民族及其文化传统的形成通常与其生活的土地有密切的关联。黄土地孕育出中国人和中华文化,至今中国人的文化与黄土地的颜色息息相关,宫殿、国旗上使用的黄色可以说都是这一文化联系的反映。犹太文化传统的形成也不例外,犹太人和犹太文化与其生活的土地是紧密联系在一起的。传统上,犹太人将自己的历史家园称之为"以色列地"①(The Land of Israel,或者根据希伯来语发音拼写 Erez Israel),以色列地也就成为一方孕育出犹太文化的神奇热土。

就地理位置而言,以色列地位于西亚黎凡特地区,地中海的东南方向,一向被视为是亚、非、欧三大洲的结合部。以色列作为一个现代国家,在地理上北连黎巴嫩,东北与叙利亚为邻,东与约旦接壤,南及西南连接埃及之西奈半岛,西濒地中海,有着与地中海相连的海岸线,南边则濒红海的亚喀巴湾(以色列称之为埃拉特湾),北至南沿海为狭长之平原,北部为山地及溪谷,南部为沙漠。

作为一块具有自然和文化多样性的土地,以色列地的地形地貌丰富多彩,极具变化,拥有通常地球上整整一个洲才可能呈现的各种地形地

---

① 需要说明的是本书对"以色列地"这一用语的使用主要指的是它的地域概念,而不是国土概念。由于现在这一块土地的所有权存在分歧,涉及不同民族、国家、权力机构,这里不作评判。

以色列地示意图

貌和变化万端的地质结构。而且,在许多地方,山脉和平原、沃土和沙漠之间只需几分钟车程,地形地貌上的变化基本上就是一瞬间的事。正因如此,以色列地具有的多种自然景观令人叫绝:从白雪皑皑的山峦、森林覆盖的高地、水量充沛谷地肥沃的北部地区,到拥有令人陶醉的地中海海岸和裸露山石的中部地区,再到只有干燥贫瘠的荒野和内盖夫沙漠的南部地区。这样丰富多彩的地形地貌为无数事件的发生提供了背景,构成了民族、国家、宗教的交汇点。这样的地方大概在世界上很难再找出第二个了。

三 地理史

　　以色列地可谓是一块有悠久历史的古老土地，有人类活动记录的历史长达5000余年。上古时期该地区被称为"迦南地"（The Land of Canaan），这应该是这一片土地较早出现的称谓之一。

　　在迦南时代的早期，即公元前第三个千年中，定居点就一直存在。对该地区进行的多次考古发现并证实，沿海地区相当数量的物品来自美索不达米亚，这些物品的发现表明该地区与美索不达米亚有着贸易关系和人员往来。根据相关资料描绘，古迦南地位于地中海东南之滨的西亚北非地区，即今天人们所习惯称呼的中东地区。如果从埃及起画一条线通过今日的巴勒斯坦和叙利亚，然后沿着幼发拉底河和底格里斯河到达波斯湾，这整条线就形成了一个清晰的新月形状，史称"肥沃的新月"。

　　肥沃的新月地区在中东的上古时期孕育出了一连串的灿烂文明，其中尤以两河流域文明（即美索不达米亚文明）和埃及文明最为著名。作为人类文明最早的发祥地之一，这些文明的出现对人类文明进程的影响巨大。

　　从人种上说，犹太人属于闪米特人的范畴，或闪族人，与中东地区的其他人群，如阿拉伯人、德鲁兹人无异。不过，作为一个具有自身显著文化特征的人群，犹太人是在两河流域文明发展达到高潮的年代（汉穆拉比时代）登上人类历史舞台的。犹太人的始祖（犹太人通常以"族长"称之）——亚伯拉罕实际上出生在两河流域中心地带苏美尔地区一个名为"吾珥"的城邦。根据传说，亚伯拉罕这个名字是上帝给起的。最初，亚伯拉罕叫亚伯兰，上帝让他改成亚伯拉罕（该词有多国之父之意）。同样，是上帝晓谕亚伯拉罕离开自己的出生地，前往一个叫做"迦南地"的地方。《圣经》是这样写的：

> 你要离开本地、本族、父家，往我所要指示你的地去。我必叫你成为大国，我必赐福给你，叫你的名为大，你也要叫别人得福。为你祝福的，我必赐福与他；那咒诅你的，我必咒诅他。地上的万族都要因你得福。（《创世记》12:1-3）

由于这一《圣经》传说记载的存在，迦南地便被犹太人认为是一块上帝应许赐给他们的土地，故有了"应许之地（The Promised Land）"一说。这也是较早出现的对以色列地的另一个称谓。

如果拿当时迦南地的经济和社会状况与两河流域特别是亚伯拉罕祖辈生活的苏美尔地区相比，迦南地显然属于"欠发达"地区。这里自然条件险恶，到处荒山野岭，干旱少雨，饥荒频发，简直可以视为是一块蛮荒旷野之地。不过，古迦南地也并非纯粹的蛮荒之地。早在人类文明史开始之初，它就是连接两河流域文明和埃及文明的地理通道或纽带，是该地区以外政治力量，如埃及、赫梯、亚述等上古时期帝国的一个舞台，同时还是一处交通要道，是该地区上古时期最重要的一条商路，或者完全可以说是人类文明重要的十字路口和汇集之处。

迦南地作为三大洲（亚洲、非洲和欧洲）的交汇之地，不仅各种古老的文明在这里留下烙印和影响，人类学家甚至认为，自非洲孕育出的最早直立人就是根据该路线从非洲大陆走向欧洲和亚洲大陆的。而且中东地区各个时代的帝国列强，如埃及、亚述、赫梯、巴比伦、波斯、希腊、罗马等，都曾在这里争夺厮杀过。

该地区的地理文化特征对来到这里定居生活的犹太人文化的孕

育、发展和传播产生了重要影响。此外，迦南地的历史与地中海地区的历史一直交织在一起，当地居民长期以来与地中海沿岸的其他民族和国家保持着联系，人员往来和物品交流几乎从来没有间断过。

凡此种种，使得古迦南地成为上古时期人类世界的一个重要舞台。也正是在这个舞台上，犹太人在随后的近2000年时间里演绎出了本民族历史上最为辉煌的部分，同时还演绎出了具有犹太文化乃至世界文化元典意义的部分。

不过，由于当时人少地广，人们并无现代意义上的边界疆域的观念，因此人们并不了解迦南地到底占有多大面积，边界范围在哪里。事实上，迦南地当时只不过是一个模糊的区域概念罢了。

史料表明，犹太人是在大约3500年前放弃游牧流荡的生活方式，在古迦南地上完全定居下来并最终建立了国家，以色列的历史由此开始。不过，犹太人在古迦南地的定居式生活经历了一个定居—离开—返回—再离开的循环，完全取决于自然界的天气变化和周边帝国势力对犹太人实施的政策。譬如在雅各生活的年代（传说约公元前1600年），迦南地出现的一次大饥荒使得雅各及其家人不得不离开，跑到邻近的埃及避灾。然而，到了公元前13世纪，由于埃及统治者对犹太人的迫害，犹太人不得不逃离埃及，重新进入迦南地——这块上帝应许给他们的家园。当然这次的进入不是一次简单的搬迁和定居，完全不同于当年亚伯拉罕的迁徙进入，因为在犹太人离开的400年里，迦南地已经被另外一些同属闪米特语系的其他部落族群占有和定居。逃离埃及的犹太人不得不重新进占迦南。

历史表明，犹太人对迦南地的重新征服不是一次轻而易举的行动，而是一个缓慢且艰难的过程。《圣经》用不少篇幅描写了犹太人的征战。犹太人与生活在那里的许多部落，如亚摩利人、亚门人、耶布斯人、迦南人都打过仗。以色列人征服的第一座城市是迦南古城——耶利哥（即今日的杰里科）。在犹太人最终重新征服迦南地后，当时的统帅约书亚将征服到手的土地在犹太族群的十二个支派（即组成犹太民族的部落）中进行了分封。这时古迦南地上犹太人占有的地域开始有了大致的疆域范围，圣经中对此有具体的描绘。需要指出的是，在犹太

大卫王和所罗门王时期的王国示意图

人此次征服并定居迦南地以后,对于犹太民族而言,该地区的称谓就基本上改为"以色列地"了,迦南地则成为一个仅具有历史意义的名词称谓。

公元前1000年左右,由扫罗、大卫王建立起来的希伯来统一王国开创了犹太古代史上辉煌的篇章,犹太民族终于有了第一个属于自己的统一民族国家。大卫王通过征战和盟约的方式拓展了王国的疆域,使犹太人控制的地域大大超出了古迦南地的范围:不仅包括大马士革、希伯仑这样的城市,而且东北方抵达幼发拉底河,东南方至亚喀巴湾,西南方抵埃及边界。这是圣经所叙述的以色列地大致地理面积和形状。

在此后的犹太历史上,不仅王朝发生过更替,犹太人生活的地域范围也在不断发生变化。如在所罗门王死后,希伯来统一王国发生分裂,出现了南北朝的局面,以色列地也自然一分为二。犹太人十二个支派中位于耶路撒冷以北的十个支派在所罗门王去世后不久宣布独立,分裂出去,继而组成了北方王国,史称"以色列王国"(The Kingdom of Israel),以色列王国一开始以示剑为都城,最后定都撒马利亚。其余剩下的两个支派(犹大支派和便雅悯支派)则组成了南方王国,史称"犹大王国"(The Kingdom of Judah),仍以耶路撒冷为都城。

到了公元前586年,上述两个犹太人的国家都被域外的帝国灭了,犹太人没有了自己的家园。尽管在后来的一段时期,犹太人享有过一定程度上的"自治",但就实质而言,以色列地是由该地区不断崛起的帝国轮流占领和统治,没有遭统治者驱逐、流放的犹太人则生活在被允许生活的区域。这是一个无法确定犹太人生活家园疆域的年代。

其实,纵观世界,在20世纪前,无论是哪一个国家,只要历史稍微悠久一些,有过朝代更迭,每一朝代的疆域都不会完全相同,譬如,中国自秦以来,朝代更迭十余次,每个朝代的面积、疆域都不相同,都不能完全重叠。

更需要明白的是,对于一个民族,就地理或历史而言,政治上的疆界与实际居住疆界不总是一致的,特别是在以游牧生活为主调的中东地区。何况,在近现代到来之前,那里几乎没有现代意义上的边界概念,无法确切说明出现过的国家疆界到底应该划在哪里,只能说明大概的方位和范围。

称谓

在进一步描述以色列地地形地貌之前,似有必要稍加详细地梳理一下以色列地有过的称谓。这些出现过或者使用过的称谓在很大程度上反映了以色列地的历史和发生的变化,可以说是了解以色列地理必须把握的一个前提。

历史上,这片土地曾被冠以许多不同的名称。除了前面提及的迦南地、以色列地外,还出现过许多这样不同的称谓,如"应许之地"、"圣地"(The Holy Land)、"锡安"(Zion)等。这些称谓的出现实际上都与犹太人的传统信仰有关,与犹太人的宗教联系在一起。譬如,前面已经提及犹太传统将亚伯拉罕从出生地迁徙到古迦南地之举说成是源于上帝的晓谕,古迦南地因此成为一块上帝应许赐给犹太人的土地,故用"应许之地"称之。

"圣地"的称谓实际上出现在所罗门王在圣殿山上建造犹太教圣殿一事以后。由于圣殿是在确定为以色列京城的耶路撒冷范围之内,故耶路撒冷有了"圣城"之称。基于同样的原因,以色列地由于圣殿的出现和耶路撒冷作为"圣城"地位的确定,从此被人们称为"圣地",

是一块拥有"圣城"和"圣殿"的神圣之地。

"锡安"原是耶路撒冷的一座小山的名称,但锡安在犹太历史的第一圣殿时期就已成为耶路撒冷乃至整个以色列故土的象征,人们常常用它指代以色列的故土家园,翻阅《圣经》,可以很容易感受到这一点,特别是在犹太人被集体赶出自己的家园以后,"锡安"一词的使用更为普遍。对犹太信仰而言,锡安是一个极具感情色彩的词汇,离乡背井的犹太人用对锡安的思念代表着对故乡故土的思念。诵读犹太祈祷书,可以深刻地感受到这一点。了解了这一点,人们就不难理解犹太人为什么把现代民族复兴的运动称为"Zionism"(中文语境中经常有人将此翻译为"锡安主义运动",不过,更为普遍的是翻译成"犹太复国主义运动")。

当然,现今以色列地最为世人熟悉、也是使用最为普遍的称谓是"巴勒斯坦"(Palestine),这是一个出现相对较晚的名称,它的出现与罗马帝国对该地区的占领、统治和镇压密切相关。希律王时期,罗马当局的暴虐和对犹太教的亵渎,以及希律王朝对罗马人的言听计从和对暴行的纵容,迫使犹太人多次举行反对罗马人的起义。但在强大的罗马军团面前,犹太人终因势单力薄、寡不敌众,两场规模巨大的起义均被镇压下去。罗马统治者为了防止犹太人再进行反抗,先是(公元70年后)宣布完全禁止犹太人在圣城耶路撒冷内居住,后(公元135年)又将犹太人整体驱逐出自己的家园圣地,逼迫他们向世界各地流散。以色列历史进入了长达1800年的"大流散时期"。不仅如此,罗马占领者还将以色列地的名称改为"巴勒斯坦"。

"巴勒斯坦"作为地名的最初出现对于犹太人而言显然是一种屈辱。它是从《圣经》中屡屡提及的非利士人(Philistine)一词派生而来,而非利士人原本是来自欧洲、属于从中东以色列地以外地区来到这里的海外入侵者,历史上一直与犹太人为敌。罗马人作为同样源自欧洲的海外入侵者创造性地使用这一名称应该说是有企图的,其目的是试图通过改变该地区的传统称谓,切断犹太人与自己家园故土的历史联系。由于罗马帝国数百年统治的影响,"巴勒斯坦"遂成为世界史中人们称呼这一地区的通用称谓,并一直流传使用至今。

疆 界

历史上,巴勒斯坦一词自出现以来,这一地区就没有明确的疆界,即便是最初使用该称谓的罗马人也没有交代它的范围和面积,因此,巴勒斯坦代表的是区域地理概念,可以说大体上与以色列地的范围重合。

在犹太人被逐出流放到世界各地后的年代里,该地区除了被不断崛起的帝国轮流占领、治理外,基本上没有再建立过任何国家(唯一的例外是在十字军时期,占领耶路撒冷和圣地的基督教曾经建立过一个"基督教王国")。它的所有权归属某个帝国,或者成为某个帝国的一个行省而已。因此,巴勒斯坦的称谓自出现以来一直是一个区域的称谓,自身并没有明确的疆界。

1516年是土耳其奥斯曼帝国对巴勒斯坦统治的开始,巴勒斯坦成为它的一个行省。由于奥斯曼帝国四百多年的腐朽统治,也从来没有真正关心过那里的发展,巴勒斯坦故沦落成为一个荒凉之所,一个被人忽视、疟疾横行的奥斯曼帝国边陲的地区,一块被马克·吐温描写为"没有希望的、令人沉闷伤心的土地",一个人烟稀少、疾病流行的地区。

第一次世界大战爆发后,奥斯曼帝国错误地与以德国为首的"同盟国"结盟站在了一起,因此,当同盟国被英法主导的协约国打败时,奥斯曼帝国自然是失败的一方,并随即解体。今天中东地区出现的22个国家,可以说都是奥斯曼帝国解体后的产物。

打败同盟国的主要两支力量,英国和法国,作为胜利者自然获得了中东的委任统治权。在战后举行的巴黎和会上,委任统治的基本原则又被包含在战后成立的国际组织"国际联盟"的委任统治条款中,"国际联盟"最终把巴勒斯坦地区委任统治权授予英国。尽管当时居住在那里的阿拉伯人占多数,委任统治还是承认犹太人民与巴勒斯坦的历史联系,指示委任统治国鼓励犹太人移居巴勒斯坦,并在那里密集居住,规定希伯来语与阿拉伯语和英语一样是官方语言,同时还允许犹太人进行自治管理。更为重要的是,巴勒斯坦地区第一次有了明确的

英国获得巴勒斯坦地区委任统治权时巴勒斯坦地区示意图

其中包括今天的约旦王国。地图上约旦部分于1922年独立,时称外约旦。约旦是一个阿拉伯国家,它所占有的国土在1920年前是巴勒斯坦的一部分。侯赛因国王是英国人从阿拉伯半岛上用飞机运过来即位的。因此,广义的巴勒斯坦地区已经有了一个阿拉伯人的国家。

疆界，有明确的疆界通常是现代国家的一个标志。

1920年公布的英国委任统治巴勒斯坦地区地图包括今天的约旦王国部分。1921年，当时的英国政府依仗手中的委任统治权，以约旦河为界，人为地把巴勒斯坦一分为二，西部仍称巴勒斯坦，东部则成立了外约旦（Transjordan）酋长国。委任统治者立原先生活在阿拉伯半岛的汉志国王侯赛因次子阿卜杜拉一世为外约旦酋长国酋长。由于"外约旦酋长国"的创立，从理论上讲，巴勒斯坦的面积差不多缩减了三分之二。

在约旦分离出去后，余下的巴勒斯坦土地上仍然居住着犹太人与阿拉伯人。遗憾的是，两个民族纷争不断，暴力冲突时有发生。主政的英国托管当局在多次调解无效的情况下，于1937年第一次提出分治的思想，试图用将犹太人与阿拉伯人分开治理的方式解决阿以两个民族的纷争。派到巴勒斯坦地区负责调查和提出解决问题办法的皮尔勋爵及其委员会（称为皮尔委员会）最终提出一个将犹太人与阿拉伯人分开治理的具体思路。其中方案建议只将这时巴勒斯坦面积中很少一部分土地（只占全部领土面积的20%左右）分给犹太人，而70%到75%的土地分配给阿拉伯人。尽管犹太人在原则上接受了这一设想，然而，方案还是遭到阿拉伯人的坚决反对，最终导致该方案的流产。此时二战形势越来越紧张，成为压倒一切的国际问题，因此，巴勒斯坦的争执暂时被搁置。

二战结束后，面对巴勒斯坦地区严重对立的阿拉伯人和犹太人，国力和国

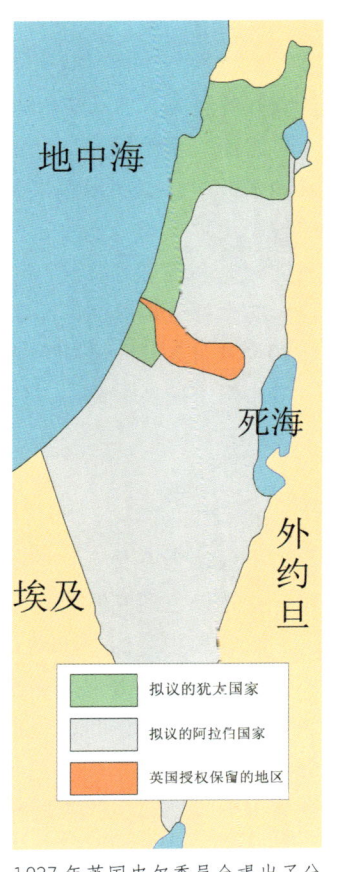

1937年英国皮尔委员会谋出了分治的想法，并绘制了以上领土划分方案图。

际地位大大下降的英国政府束手无策,终于在1947年决定放弃经营了近30年的托管权,把整个巴勒斯坦问题交给成立不到两年的国际组织——联合国去处理。联合国安理会为此成立的巴勒斯坦问题特别委员会在实地调查、充分辩论和内部协商讨论的基础上,起草了调查报告并且提出解决方案,即在巴勒斯坦实行分治的议案。11月29日,联合国大会决定对分治议案进行最后表决,最终,联合国大会以33票赞成,13票反对和10票弃权,以三分之二绝大多数通过了"关于在巴勒斯坦地区实行分治"(被标明为181号决议)的决议。

根据这一决议,犹太人于1948年5月14日英国托管当局及其军队离开的当天,宣布犹太人的国家——以色列国成立。

然而,拒绝接受该分治决议的阿拉伯人对新宣告成立的以色列国发动了战争,试图用军事手段赶走那里的犹太人,从而获得巴勒斯坦的整个土地,第一次中东战争旋即爆发。外约旦部队作为五个直接参战国之一,占领了1947年联合国分治决议划归巴勒斯坦人的约旦河西岸的大部分地区和耶路撒冷旧城所属的大约4800平方公里的土地。1950年4月24日,外约旦宣布把该地区纳入自己的版图,改国名为"约旦哈希姆王国",简称"约旦"。巴勒斯坦国土遭到了进一步蚕食。

气候

一般认为有什么样的地理环境就有什么样的气候,这一理论观点用在描述以色列气候上是十分贴切的。

濒临地中海的以色列具有地中海气候典型特征,夏季漫长,日照充分,炎热且少雨,冬季相对短暂而又凉爽、多雨。

以色列的气候是由邻近的亚热带撒哈拉和阿拉伯沙漠地带与地中海东部沿岸的亚热带湿热气候共同影响的结果。尽管总体上如此,以色列国内各地的气候还是有相当差异的,并且会因为各地高度,纬度,以及与地中海的距离而变化。夏季干热,从海拔2810米的赫尔蒙山,一直到降至海平面以下420米的地球最低处——死海,气候区域性明显,状况各不相同。海岸平原夏季湿热,冬季略冷有雨,在丘陵山地区域偶尔还会有小雪。约旦山谷区域夏季干燥炎热，南方区域则属半干燥型气候，白天暖热，夜晚凉爽。

总体而言，以色列气候温和，阳光充沛，平均日照达300天以上。一年分雨旱两季，每年的11月至翌年的4月为雨季。降雨量北部平均为150厘米，南部则不足3厘米。

1月通常是以色列最冷的月份，平均气温从6℃至15℃不等。7月和8月则是最热的月份，平均气温从22℃至33℃不等。地中海沿岸地区在夏季时相当潮湿，但在中部的高原地区则相当干燥。在埃拉特等沙漠都市，夏季白天的气温通常是全以色列最高的，从44℃至46℃不等。9月至次年6月，气候干燥炙热，高温达32℃至37℃，阳光充足，以晴天为主，此时也是去以色列旅游的最佳时间。10月的以色列依旧有些燥热，但室内没有太阳照耀的地方还是挺舒适的。

以色列超过70%的雨水是在11月至次年3月之间降下，6月至9月通常是无雨季节。降雨量在全国分配不均，愈南部的地区降雨量愈低，尤其是在内盖夫沙漠地区。庞大的降雨量通常伴随着强大的暴风雨，不时会造成水土流失和洪灾。以色列国内最具农业耕种价值的土地便是那些每年获得超过300毫米降雨量的地区。遗憾的是，这样的地区大约只占了全国面积的三分之一。

包括耶路撒冷在内的中部地区，在冬季有时会遇到降雪。赫尔蒙山三个最高的顶峰在每年的冬季和春季都会有季节性的降雪出现，使得该地区成为以色列唯一的滑雪胜地。由于海拔高，赫尔蒙山的主峰常年积雪，即便是在夏季，人们仍然能够在戈兰高地观赏到白雪皑皑的山峰景色。

不过，极端天气在以色列地也时有发生，譬如，沙尘天气（源自撒哈拉和阿拉伯沙漠），泥雨（夹杂着大量泥沙的雨）。大雷雨和冰雹在雨季也相当常见。海龙卷有时也会席卷地中海沿岸地区，不过通常只会造成轻微的损失。根据气象记录，2006年4月4日席卷加利利西部的一次F2级飓风相当严重，对当地造成了极大的损害，75人因此受伤。

以色列地约70%为沙漠所覆盖，年平均降雨量在北部及山区约

500 至 700 毫米，在南部沙漠仅 30 毫米。全国年降雨量低于 435 毫米，约仅为全球平均降雨量的 40%。而每年天然的水资源量只有用水需求量的 57.6%，是全球排名第四缺水的国家。

由于以色列境内仅在北边有一处加利利海为淡水湖，早期以色列利用它兴建人工渠道输水至南边。因天然降雨所产生的水源有限，且用水需求不断增加，水资源严重不足，因此海水淡化成为以色列获取高品质饮用水的重要途径。海水淡化技术遂成为以色列创新科技的强项。近年来以色列积极推动节水、造水、废污水回收再利用及智慧水管理科技，充分利用每一滴水，已成功摆脱水资源不足困境。目前以色列全国水资源不但充足，更有多余水源供应邻近国家。而且以色列的自来水漏水率只有 5%，废污水回收率却高达 86%，以色列的水资源科技已独步全球，成为世界节水技术领先的国家。

平均温度（℃，最低~最高）

	采法特	海法	太巴列	特拉维夫	耶路撒冷	贝尔谢巴	埃拉特
一月	4~9	9~17	9~18	10~17	6~12	6~17	10~21
八月	19~29	24~31	23~38	24~30	19~29	20~34	26~40

平均降雨量

	采法特	海法	太巴列	特拉维夫	耶路撒冷	贝尔谢巴	埃拉特
下雨天数（天）	58	51	47	46	44	27	5
降雨量（毫米）	712	540	407	524	553	207	32

三

今日以色列国

1948年5月14日宣布成立的现代以色列国作为一个犹太人的国家成功地抵御了周边阿拉伯国家的进攻，最终以签署停战协议的方式结束了后来被称为"第一次中东战争"的战争。每年的5月14日也就成了以色列的国庆日。

尽管以色列国在成立时只有60余万犹太人，但是作为"全体犹太人的国家"，以色列一直接纳来自世界各地的犹太人。只要个人愿意，以色列对回归故土的犹太人来者不拒。截至2020年，以色列的总人口统计为924.6万人，其中犹太人口共684.1万人。历史上还从来没有如此之多的犹太人同时生活在以色列地，世界上唯一以犹太人为主体民族国家的特性得到了充分体现。

目前以色列国自身公布的国土总面积为2.5万平方公里，其中内盖夫地区占一半的面积，达到1.2万平方公里以上。国土南北长约470公里，东西宽约135公里，呈狭长形。以色列与埃及边界长达220公里，与巴勒斯坦自治政府（包括哈马斯控制的加沙地区）有51公里的边界，分布在加沙地带和约旦河部分地区。

为国际社会所承认的巴勒斯坦地区在分治前总面积约为2.8万平方公里。依照联合国1947年11月通过的分治决议，分配给生活在那里的犹太人建国土地面积为1.49万平方公里，其余分配给了当地阿拉伯人建国。但是，当时居住在那里的阿拉伯人对分治方案没有兴趣，拒绝接受联合国分治决议，为了反对一个犹太人国家在该地区的出现，不愿意成立原本可以、也应该成立的一个阿拉伯国家。后在周边已经成立的阿拉伯国家（这些现代国家都是在1918年第一次世界大战结束后，统治该地区达400年之久的奥斯曼帝国解体后成立的）的支持下，他们共同与刚刚宣告立国的以色列开战。第二年各方停火，然而，分治决议原先分配给阿拉伯人的土地却被交战国（约旦、埃及和以色列）分别占领。

1948—1973年，以色列在先后爆发的四次阿以战争中控制过周边大片领土，控制的领土面积一度达8.16万平方公里，是它建国时国土面积的4倍，以色列在战争结束后也多次提出"土地换和平"。到了20世纪70年代，在与埃及签订了和平协议后，以色列陆续从绝大部分通过战争占领的领土上撤出，现实际管辖的土地面积为2.5万平方公里。

不过，以色列是世界上唯一没有明确边界的国家。1948年，由于爆发的战争，被称为"国父"的本-古里安就认为没有必要表明国家的疆界，疆界应该随战争的走势和结局而定。然而，不幸的是，以色列与周边阿拉伯国家的战争冲突一直未完结，因此，以色列国所在的巴勒斯坦地区一直是一块为领土争端不休的是非之地。有鉴于此，需要说明的是，本书重点讲述的地理是围绕巴勒斯坦地区的地理，是地区的地理，而并非是国家的地理，但为了叙述方便，不时会使用以色列一词。

A. 自然区域

按自然地理，以色列国土可分为五个自然区域：森林高地、沿海平原、中部丘陵、约旦大裂谷以及内盖夫沙漠，涵盖以色列地的东西南北中（亦有将其分为四个自然区域的做法）。

1. 北部森林高地

该区域是以色列地的北部，那里的土壤肥沃而潮湿，是以色列最绿的一个地区，也是农作物和水果栽种的重要地带。以色列的北部被称为加利利高原，海拔在1000米以上，高原与地中海之间为大小不等的海滨平原，夹有肥沃青葱的谷地，土地肥沃，是以色列的主要农业区。位于东北部的加利利海面积为170平方公里，低于海平面210米左右，是世界海拔最低的淡水湖和以色列最重要的蓄水库。以色列北部地区最高山峰为赫尔蒙雪山，海拔2224米，主要河流有约旦河、亚尔库恩河、基松河。在东北部，远古时期火山喷发出来的岩浆形成的戈兰高地的玄武岩景观，犹如耸立的峭壁在俯瞰胡拉谷地。加利利的山大多由硬度低的石灰石和白云石构成，海拔高达500至1200米。四季流水的小溪及相对充足的降雨（这里是以色列降水最多的区域）使该地区终年常青。

常年积雪的赫尔蒙山

伊茨雷埃勒谷地一瞥　徐新 摄

伊茨雷埃勒谷地是一片分隔加利利山和撒马利亚山的区域,被认为是以色列最富饶的农业区,由许多合作组织(基布兹和莫沙夫)经营耕作。最初古代农民开垦的山坡梯田与自然景色融为一体。这里的人口主要集中在小的城市中心和大村庄。

在《圣经》时代,以色列地的北部地区就已经被称为"加利利"(Galilee)了,不过,当时该称谓所指的地区范围比我们今天所说的加利利地区要大得多。

加利利的自然边界南至伊茨雷埃勒谷地,西至地中海,东至北约旦谷地,北至利塔尼河(即希腊语所说的莱昂蒂)。如今加利利区域的绝大部分在以色列国的疆界内,只有北部的一小部分。

在以色列的自然景观中,加利利的地理构造独特。其中的两大湖泊——加利利海[①](亦称加利利湖或者太巴列湖)和胡拉湖(实际上可

---

① 加利利海其实不是一个海,只是传统上称为海。

以视为沼泽地),以及从高山脚下清泉流出的充沛泉水,使得该地区成为以色列境内最呈绿色的地区。同时,这里也是一个因其多姿多彩地理景观和历史文化积淀吸引众多参观者和旅游者的地区。

加利利地区传统上被分为上加利利和下加利利。上加利利是一片山地,海拔达到1208米。其高耸的山峰、众多的溪流以及丛生的植被构成了一个几乎无法通行的地带。因此,在上古时期,人类大多生活在它的周围,只有极少数人生活在该山地中间。今天,那些曾有人居住过的地方留下一座座台尔(即被毁城镇形成的土丘),其中掩埋着古代迦南人和以色列人建造的城池。下加利利与之形成鲜明对比,由广袤的谷地组成。这些谷地介于海拔为600米左右的小山之间,下加利利的道路相对舒坦,因此,该地区一直是一个布满纵横交错商道的地区。

最主要的商道被称为"海道"(拉丁语称之为"Via Maris")。它连接埃及和美索不达米亚,是古代世界最重要的通商大道。该道路

加利利海一瞥　徐新 摄

穿过包括在加利利范围内的北约旦谷地。该地区的历史不同于加利利其他地区的历史，因为生活在那里的人通常不完全同于生活在山区加利利的人群。"海道"的另一条路线穿过伊茨雷埃勒谷地，沿着沿海平原延伸。正因如此，在这些地区生活的人群同于生活在北约旦谷地的人群。基于同样的原因，山区加利利周边地区的历史总是与世界重大事件紧紧联系在一起，而山区本身则远离公众的注意中心。因此，史学家对它的了解也要少一些。

《圣经》曾数次提及加利利。那些章节在描述以色列各支派划分圣地的同时提及了对加利利的划分，它的西面给了亚设支派，北面给了拿弗他利支派，西南部属于西布伦支派，而东南则属于以萨迦支派。在《圣经》的另一处，我们读到了对坐落在可以俯视太巴列湖山脊上的逃城——卡叠什的提及："卡叠什在加利利，位于拿弗他利支派属地的山区"。《圣经》还提及位于西加利利的"卡布地"，以及记述了在加利利地理范围内那些所罗门王赠予推罗王希兰的城池，所罗门王以此回报希兰王在所罗门王圣殿建造过程中提供的协助（今日，西加利利地区有一座村庄仍叫卡布）。在大卫—所罗门王分裂为以色列王国和犹大王国后，以色列王国的整个北部地区曾统称为"加利利"，但在亚述征服以色列王国后，该名称只用来称呼以色列王国的北方省。《圣经》对被亚述人征服的领土有详细的描述，其中包括"加利利，拿弗他利的全境"。拿弗他利是以色列所有支派中位于最北部的一个支派（除了来自但支派的一小部分，他们被赶出位于以色列中心地区的世袭领域，在加利利东北角的迦南人莱耶西镇定居）的领地。

在波斯和希腊化时期，有关犹太人加利利的情况很少为人们所知，只是到了哈斯蒙尼家族出现后情况才有所改观。哈斯蒙尼家族经过长期斗争（公元前167年—公元前147年）战胜了塞琉古希腊人，使得他们能够在犹地亚建立一个小型的自治体（也可以视为一个国家），随后又逐渐扩大了自己的疆界。

在哈斯蒙尼王朝统治初期，新加入犹地亚的地区必须得到塞琉古的同意。不过，随着时间的推移，哈斯蒙尼王朝不再受此要求的束缚。在塞琉古希腊王国瓦解后，由于担心阿拉伯部落向北部的外约旦地区

哈斯蒙尼王朝时期建造的希律王堡遗址

移民对犹太人国家可能造成威胁,哈斯蒙尼王朝开始向加利利方向扩展。当时外邦人在西部建造的凯撒利亚城(当时仍然叫斯特拉托诺·皮尔龚)经过撒马利亚,到贝特谢安一带形成的屏障把加利利与犹地亚分隔开。直到阿里斯托布鲁斯统治时期(公元前104年—公元前103年),哈斯蒙尼王朝才夺取贝特谢安,进入加利利,并使其成为犹大王国的一个组成部分。在哈斯蒙尼起义前,加利利的主要居民是犹太人,但在起义过程中,由于生活在那里的犹太人受到外邦人的袭击(例如,阿尔伯的犹太人在巴克斯德从叙利亚向以色列地进行征战过程中穿越加利利时全部遭到杀害),西门·哈斯蒙尼将他们撤出了该地区。

阿里斯托布鲁斯在征服了加利利后,让生活在那里的非犹太人皈依了犹太教,于是开创了加利利及生活在其中的犹太人的一个辉煌时期。该时期一直持续到十字军时代。

哈斯蒙尼王朝重新划分了国家,并根据《圣经》中所描绘的历史分界命名各个省份,从那时起,"加利利"这一名称开始指代今天我们所熟悉的那一地区。在哈斯蒙尼时期,加利利还不是一个具有独特创新精神的地方,而更多的是作为一个反叛之源(如反对希律的起义)

或一个流放地（例如，霍尔卡诺斯将其被废黜的儿子亚历山大·耶奈流放到加利利）被提及。

根据阿里斯托布鲁斯勾勒出的加利利行政区域，即使在庞培征服以色列地（公元前63年）以后也没有改变。在随后的罗马和拜占庭时期，加利利成为以色列地最为重要的犹太人居住中心。尽管此时贝特谢安已不再是其一部分，但在整个罗马—拜占庭时期，它的绝大多数延伸地区仍留在其区划之中。在希律被罗马人宣布为犹太王（公元前40年）后，他不得不使用武力夺取哈斯蒙尼家族控制的权力，而哈斯蒙尼家族则不断在位于加利利的若干反叛中心反对希律王。希律使用强大的武力对反对派进行镇压，结果使得很多生活在加利利的犹太人反对他的统治。希律王一死（公元前4年），王国被他的儿子所瓜分，加利利的统治权落入他的儿子希律·安提帕手中。希律王国的分裂使分割犹地亚和加利利之间的屏障再度形成。

对于加利利而言，这是一个经济繁荣发展的时期。从《密西拿》和《新约》两本书中，我们看到一个地区日趋繁荣的景象。生活在那里的居民从事农业，在加利利海中从事渔业（《新约》中提到的使徒中有两位是打鱼出生）以及各种手工业（拿撒勒玛利亚的丈夫约瑟就是一位木匠）。上述两本书提到了加利利许多地方的名字，但书中内容并不总是清楚表明被提及的地方究竟是乡村，集镇还是城市。但不管怎么说，可以肯定的是，这时的加利利只是一个普通的生活中心，还没有发展成为犹太人的宗教和精神中心。在第二圣殿被毁后，这样的中心才开始形成，为该地区赢得了名声。众所周知，活跃在加利利乌沙城的犹太宗教学者是在犹地亚授业而不是在加利利。这一事实得到了约西·本-佩鲁拉拉比、耶胡达·本-阿莱拉比及其他人的证实。

显然，加利利在第二圣殿被摧毁的那场战争中几乎没有受到破坏。尽管约瑟夫斯描写了几场恶战，在恶战中诸如约法特、加姆勒之类城镇被摧毁，但加利利的迅速恢复似乎表明其他定居点没有遭到破坏。不过，经过一个短暂喘息后，犹太人对罗马人的反抗再度出现，并在巴尔·科赫巴起义（公元132—135年）时达到其顶峰。

在加利利的很多地方都分布着古犹太会堂的遗址，它们见证了犹太教在拜占庭统治时期的辉煌。加利利还因为是耶稣基督的故乡而闻名于世。早期基督教重要人士，如十二使徒的彼得、雅各和安德烈也都是当地人，在加利利海以捕鱼为业。

2.西部地中海沿海平原

地中海沿海平原的范围从北部的黎巴嫩边界一直延伸至南部的加沙。它与地中海平行，实际上，是由一道沙质海岸线构成的区域，滨海地带主要为沙丘和沙滩。在北部，广阔的沙滩有时被突兀的石灰岩和砂岩峭壁隔断。其西面部分则是一片片肥沃农田，地势平缓，向内陆延伸约40公里，构成平原。该地区土壤肥沃而潮湿，是农作物和水果栽种的重要地带。

特拉维夫市西部海岸的一段沙滩可以说是沿海平原滨海地带最优质的沙滩。沙滩上的沙子有"金刚沙"之称。地质学家认为那是非洲尼罗河千百万年前从源头南非带来的馈赠。尼罗河带来的泥沙经过千百万年海水的冲刷荡涤，泥浆早已不见踪影，留下的是既细又洁白、原产自南非钻石矿区的沙子，品质自然、独一无二，获得以色列人和来自世界各地游客的青睐。每天数以万计的人来到这里，在享受日光浴的同时，还可以下海游泳、冲浪或在沙滩上运动。

一个名叫贾布奈的小镇是该地区赫赫有名的古老城镇。耶路撒冷被毁后（公元70年），犹太民族的精神中心移到位于沿海平原的贾布奈。在约哈南·本-扎该拉比的领导下，该中心努力修复圣城被毁对犹太民族造成的伤害，并在巴尔·科赫巴起义之前一直保持它的地位。

历史上，由于遍地沙丘，虽然滨海，但雨水稀少，沿海平原很少有犹太人居住，也从来不是犹太人生活的核心地带，荒凉贫瘠的土地被社会遗弃。当19世纪晚期犹太复国主义运动开始在以色列地开展时，这一现象发生了变化。从欧洲回归圣地的犹太人购买的第一批土地就在夏隆和谢费拉地区，因为那些是无人要的土地。而且第一批犹太人定居点最先就是在沿海平原建立起来的。像佩塔提克瓦、雷霍沃特、里雄莱锡安、内斯松那与其他农庄很快成为以色列地新的犹太定居点的核心。今天，沿海平原地区已经发展成为以色列最为重要的区域，

特拉维夫沙滩与地中海

经济、文化、科技均如此。像海滨城市特拉维夫、海法已成为以色列最重要的城市，连过去10年在地中海海滨出现的阿什杜德、赫茨利亚等一批新兴城市也逐步显示出自身的重要性和影响力。

沿海平原上高速公路和铁路的建设进一步加快和便捷了该地区物流和人员的流动。一系列跨国公司在以色列设立的研发中心和数以千计的创新企业在该地区落地，使得此地区的经济和就业前景一片大好。现在，以色列900多万人口中，有半数以上生活在沿海平原。这里有大的城市中心、深水港、国家的大部分工业基地、大部分农业和旅游设施。这一切极大地改变了沿海平原中部的自然地貌和景观。

3. 中部丘陵地带

丘陵地带位于沿海平原的东部。地形地貌以丘陵为主，有几条山脉蜿蜒全境。在东北部，远古时期火山喷发出来的岩浆形成的戈兰高地的玄武岩景观，犹如耸立的峭壁在俯瞰胡拉谷地。加利利山大多由硬度低的石灰石和白云石构成，海拔高达500至1200米。四季流水的小溪及相对充足的降雨，使该地区终年常青。加利利和戈兰的居民从事农业、与旅游业有关的事业和轻工业。该地带的北边起始加利利山脉的山丘，南边的地区是由许多小型而肥沃的溪谷地区所组成的撒马利亚山脉，再往南则是荒凉的犹地亚（Judea）山地。撒马利亚山脉和犹地亚山地一起共同构成中央高原地带。顶部南北走向，宽15至25公里，长80余公里，平均海拔在750米以上。

撒马利亚山脉和犹地亚山地对于犹太民族的塑造而言是一块及其重要且无比神圣的地区。早期的历史在这里展开，圣经中的故事在这里出现，古代传统在这里孕育，犹太人的信仰和传统在这里培育并形成体系，犹太经典在这里形成……一言以蔽之，此地就是孕育犹太文明的不二摇篮。因此，有必要对构成中部丘陵地带核心的撒马利亚山和犹地亚山做进一步说明。

以色列地的中部山区实际上由两部分组成：位于北部的撒马利亚和位于南部的犹地亚。介于这两个部分之间的是耶路撒冷，而耶路撒冷从一开始就作为一个独立的区域存在，尽管从地理上说它又是撒马利亚和犹地亚的连接部分。

耶路撒冷的重要性在所罗门王根据父王大卫的遗愿建造了圣殿，使之成为犹太教的祭祀中心和犹太民族的古代权力中心大议会的所在地之后得到了体现。根据犹太传统，犹太人一年中有三次（犹太传统的三大朝圣节）需要到耶路撒冷的圣殿朝圣，这样更凸显了耶路撒冷的重要性。对于信徒而言，前往圣殿朝圣是人生必做的功课，只要有可能，都会去做。历史上，来自世界各地成千上万的信徒不远万里、历经千难万苦前往圣地、圣城、圣殿朝觐是常见的现象。耶路撒冷在人们心中的崇高形象千年不倒，万年长存，盖源于此。

耶路撒冷地区的地势相对较低。斯科普斯山作为耶路撒冷地区最高的山，海拔仅为826米，而撒马利亚的巴力-哈特隆山海拔1016米，犹地亚的哈尔霍山海拔更高达1020米。这三部分之间的差异十分明显：希伯仑周围的群山地处犹地亚中心，它的东部山势陡峭，没有舒适平坦的道路可以行走。山的东面是犹地亚沙漠，沙漠的尽头是死海，这使得东去通道成为不可能。犹地亚群山之间构成了一个封闭的区域，只是它的西面是敞开的，沿着山间的溪流（季节/干谷河）依势而降，一直到达沿海平原。相比之下，耶路撒冷的群山比其南北邻近的群山要矮一些，这才有了较为舒坦的、由西到东走向的通道。耶路撒冷得益于经它而过的这条通道，通道东边的城市如耶利哥、伯示麦、基色以及通道西边的其他城市也同样受惠于这条通道。和犹地亚群山相比，撒马利亚的山脉向东、西两侧敞开，沿着山中向西依势而降的干谷河的路线可以西行；沿着山中适宜行走的深沟（如纳哈尔·科瑞尔深沟，或者特扎深沟，阿拉伯语称为"瓦地-阿尔-法入"深沟）向东，便可抵达撒马利亚沙漠。示剑（纳布卢斯）城的居民很好地利用了穿城而过的山间通道，选择此地作为他们的定居点。在古代，其他城镇也通常沿通道建造，今天图尔-卡刃城就坐落在该通道的西端，通道的东端是肥沃的农业区。奥斯曼统治时，这一地区有许多大规模的官方农场，所以这里又被叫作"吉弗特利克"。

犹地亚一词源于犹大，是以色列地的一个历史地名，指死海以西、耶路撒冷以南、以希伯仑城为中心的山地和部分沙漠地区，面积将近

2000平方公里。这里属巴勒斯坦中部丘陵地带的南端，气候干燥炎热，土地十分贫瘠。古代以色列王国在所罗门王死后，于公元前10世纪后期分裂为北方的以色列王国和南方的犹大王国。犹大王国版图较小，以耶路撒冷为其首都，其人民由以色列十二个支派中的犹大、便雅悯两个支派组成。犹大王国和以色列王国时而进行战争，时而又结为联盟。由于它是一个贫穷的内陆小国，较少卷入其他大国的冲突，所以在北方的以色列王国于公元前722年被亚述帝国消灭后，犹大王国又继续存在了100多年，直到公元前586年才被巴比伦帝国在尼布甲尼撒率领下灭亡。犹大王国灭亡后，其首都耶路撒冷遭到洗劫，大批犹太人被驱逐或掳至巴比伦，犹太史中第一圣殿时代至此结束。公元1世纪罗马帝国征服巴勒斯坦后，按拉丁文拼法把原犹大王国的故地称为"犹地亚"。

进入20世纪以来，尤其是第二次世界大战后，犹地亚和其北面的撒马利亚一起被广泛地称为"约旦河西岸"。这一地区的绝大部分在1947年联合国分治决议中被划归给生活在巴勒斯坦地区的阿拉伯人，不过，1948—1967年间一直为约旦占领。在约旦看来，那是一个与约旦河毗邻的区域，位于约旦河的西岸。

犹地亚和撒马利亚地区的总面积为3650平方公里，人口有数百万。1967年的"六日战争"期间该区域被以色列夺取，并一直占领至今。一些以色列人现仍坚持把这一地区称为犹地亚和撒马利亚，认为是以色列国不可分割的组成部分。

撒马利亚和犹地亚地区在古代资料中就已经屡屡被提及。在《特勒·埃尔－阿马尔纳书信集》①中就有关于耶路撒冷王国与示剑王国之间分界的记录，以及这两个王国之间相互争斗的大量细节描写。在这两个王国之间的地区有一个由基遍人城镇组成的联盟，这是古代以色列人征服这一地区的一个重要因素。由于联盟自身缺乏一个统治者，很有可能这个基遍人的城镇联盟就由耶路撒冷王国治理。根据《圣经》

---

① 埃及第18王朝时期形成的文献。

的描述,在以色列支派划分土地时,撒马利亚被分配给了约瑟支派[①](由以法莲支派和玛拿西支派组成)和便雅悯支派,便雅悯支派居住在耶路撒冷及其周边地区。犹地亚则基本上是犹大支派的世袭领地,尽管西缅支派也曾在那里居住。

正是在这中心区域——便雅悯支派的世袭占领地,以色列人的王国在所罗门王在位期间得到巩固。当以色列人征服以色列地时,耶路撒冷并不在以色列人的统治之下,因此,涉及便雅悯支派的事务是通过与其北面的约瑟支派进行的。在大卫王占领耶路撒冷后,便雅悯支派的所在地才成为一个中心地区。在以色列人把非利士人从伯利恒地区和耶路撒冷北部山区驱逐出去以后,该中心的地位得到了进一步巩固。大卫王的征服把撒马利亚和犹地亚联合成一个整体,只是到了耶罗波安统治时期,这个统一被打破,由以色列王国和犹大王国瓜分。

以色列王国灭亡后,非利士人一度返回该地区,并控制了该地区的西南角。不过,犹大王把他们从那里驱逐了出去,并将该地区并入自己的王国。由于犹大王国向北扩张,以及犹大王国南部地理面积缩小,特别是那场导致第一圣殿被毁的巴比伦人入侵事件,犹大王国遭受的损失巨大。在犹太人重返锡安后,犹大王国的疆域主要局限在耶路撒冷北部的希伯仑-拉吉一带,而不是传统上的中心地区。在波斯占领期间,沿海城镇的政权式微,这使得波斯帝国统治下的犹大行省的势力得以扩张到沿海平原地区的罗德。在这期间,这一地区的人口迅速膨胀,以至到了塞琉古统治时期(公元前2世纪早期),罗德被并入犹地亚。

公元前333年,以色列地被亚历山大大帝统治征服。尽管犹大王国没有在这一征服中受到损伤,但在撒马利亚爆发了起义。起义遭到亚历山大军队指挥官的严厉镇压,许多撒马利亚的难民逃入撒马利亚沙漠(多年以后,相同的一幕在犹地亚出现,反抗罗马统治的难民逃到了犹地亚沙漠)。正如从瓦第达尔亚发现的文字材料(公元前375年—公元前335年)所了解到的。公元前312年,撒马利亚城被亚历山大

---

① 在历史上所说的犹太12支派中,约瑟支派实际上并不存在,而是由其子以法莲和玛拿西组成以法莲支派和玛拿西支派两支派。

大帝的继任者摧毁,他们在那里建立起了一个马其顿的殖民地。撒马利亚人自从亚述人将其带至撒马利亚以来一直居住在那儿,可现在不得不将其居住地转移到示剑。从那时起,示剑开始成为一个重要的撒马利亚人中心。

公元前200年前后,定都在安条克的希腊-塞琉古国王安条克三世,从盘踞在埃及亚历山大底城的亚历山大大帝后裔统治的托勒密王朝手中夺取了以色列地。他颁布的许多严厉法令,以及对犹地亚实行变本加厉的压迫导致了哈斯蒙尼家族的起义(始于公元前167年)。由犹大·马加比策划的战斗充分利用了地形优势,因为所有的战斗都是在犹地亚山区周围进行的。第一次战斗发生在贝特-何浪山陡峭的山坡上,这是一段从沿海到耶路撒冷最陡峭的山坡。在那里,犹大击败了由塞琉古王朝军队司令官阿波罗尼奥斯指挥的塞琉古军队。第二场战役,即埃玛斯之战,发生在犹地亚西部边界,此役由佐治亚统帅的塞琉古军队同样也遭到了失败。塞琉古军队终于明白,犹大·马加比对西部边界防守很严密,于是他们决定从南部,即从犹地亚南部边界贝特-特足方向发起进攻,但是他们又失败了。打这以后,塞琉古人开始尝试用一种新方法,即通过把希腊文化引入犹地亚,从内部削弱犹太人。之后,在犹地亚的北部玛阿勒拉冯纳又进行了一场战斗,这场战斗同样以犹大·马加比的胜利结束。不过,马加比起义的总指挥在随后爆发的、同样是在犹地亚北部进行的哈达沙战役中牺牲了。尽管如此,犹地亚的独立得到了保证,哈斯蒙尼王朝的统治者开始扩张自己新建立的王国。公元前108年至公元前107年,示剑被约翰·希尔卡努斯占领和摧毁。在整个哈斯蒙尼王朝和希律统治期间,示剑仅仅是以一个小镇的形式存在。哈斯蒙尼王朝在犹地亚的统治机构多年来一直没有发生根本意义上的改变。在希律统治时期,相似的行政机构在那里继续发挥作用。

示剑之所以一直具有重要性是因为它在历史上是撒马利亚人的中心。撒马利亚人在盖里济姆山上建造过一座巨大的神庙。哈斯蒙尼王朝时期示剑被毁后,这座神庙依然存在。撒马利亚人认为是盖里济姆山,而非坐落在耶路撒冷的莫里亚山(即人们所说的圣殿山),是上帝选中的山。撒马利亚人和犹太人对此事的争论在《新约》中有所反映："我们的祖宗在这山上礼拜，你们倒说，应当礼拜的地方是在耶路撒冷。"

4. 东部大裂谷地带

大裂谷地带由约旦河、加利利海以及死海构成，沿东部边界一直延伸至亚喀巴湾的地球表面最低点死海（海拔400米以下）。就地质结构而言，位于以色列的大裂谷地带实际上属于长达6500公里的东非大裂谷的一部分，并被视为东非大裂谷北部起点。由于该地带是以色列与约旦的边界，大裂谷实际上为以色列和约旦共同享有。

地理意义上的大裂谷区域包括从约旦河的源头，到胡拉谷地、加利利海、约旦河谷，再到地球上的最低点死海的整条约旦河，然后穿过阿拉伯谷，到亚喀巴湾直到红海。大裂谷形成于几百万年前的中新世，是阿拉伯板块向东北移动离开非洲时形成的。一百万年后，由于地壳运动，地中海和大裂谷之间的陆地地面抬升，海水停止向裂谷里涌入，从而形成今日的谷状条形地带。我们从各种在更深层盆地保留的连续沉积岩和岩浆岩可以看出大裂谷的地质和环境的演变，从盆地周围露出的地层还可以看出沉积和侵蚀的交替作用。

大裂谷的最低点在死海里，比海平面低790米，大裂谷周边沿岸是地球上最低的陆地，平均比海平面低400米左右。在西部

沿着大裂谷北部流向死海的约旦河

大裂谷地带一瞥　徐新 摄

海平面高度标志

有 7000 年历史的耶利哥古城遗址　徐新 摄

耶利哥古城遗址公园　徐新 摄

大裂谷地带被认为有万年历史的诱惑山城镇　徐新　摄

发现《死海古卷》的库姆兰洞穴

地形急剧抬升大约1000米处，构成山体地貌，裂谷的东边也是相同的地形特点。死海北部的裂谷由于约旦河水和两侧山上的泉水，成为人们长期耕种的土地。

历史上，尽管大裂谷地带人迹罕至，但那里不缺历史遗迹遗址，譬如，重要的古籍发现地库姆兰洞穴、库姆兰犹太社团、马萨达城堡、耶利哥（杰里科）古城等。库姆兰洞穴是死海西北岸上的一个岩石悬崖，库姆兰犹太社团曾经生活在那里，第二个圣殿时代的犹太教派艾赛尼派（Essenes）在那里安家并留下了他们的著作；耶利哥则是拥有超过7000年历史的古城。

1947年至1948年间考古学家在该地发掘古城遗迹时，在海滩边一个洞穴内发现一些《圣经》古卷，专家考定其年代为公元前1世纪到公元后1世纪，称之为《死海古卷》或《库姆兰古卷》。1949年，他们又在该洞内发现数百件古代手抄本，1950年又发现更多的洞穴，其中11个洞藏有古卷残篇，依次把这些洞编为Q1到Q11号洞穴。

1951至1956年，考古学家在Q1洞穴南面半公里发现的一处古代掩蔽所，为犹太教一秘密组织的集会地点。从出土的钱币和陶土估计，年代约在公元前150年至后70年，可能是犹太人起义时所设，考古学家称此秘密组织为"库姆兰社团"（Qumran Community）。在出土文物中有其纪律手册，规定绝对服从上帝，入会时需由司祭举行必要的仪式等。

5. 南部内盖夫沙漠

内盖夫（Negev）是以色列地所有地理区域中面积最大的地区，占以色列领土面积的60%以上。大部分地区实际上是沙漠。沙漠地区由大约1.2万平方公里的旷野荒漠组成。"内盖夫"在圣经希伯来语中的含义就是"南部"。在地理或地质构造上，内盖夫沙漠属于西奈半岛旷野荒漠的延伸。面积超过1.3万平方公里的内盖夫呈倒三角形，西部与西奈半岛的沙漠相连，东部与干谷、阿拉伯谷相邻。

内盖夫终年少雨（年降雨量不足200毫米），大片土地为没有植被的荒山秃岭，以峡谷、干河道纵横的低矮砂岩山和平原为其特色，

连绵不断的内盖夫荒漠

历史上很少有人居住。内盖夫没有植被和土壤,每逢雨季,即便不大的降雨也常常会造成洪水暴发,《圣经》对洪水滔滔的描写是真实的。继续往南,该地区变成了光秃秃的岩峰、火山口和岩石覆盖的高原地带,气候更加干燥,山岳更高。内盖夫地区有3个风化火山口,最大的一个约8公里宽,35公里长,它深深地切入地壳,将五颜六色、形状各异的岩石展示在人们面前。在内盖夫最南端红海沿岸埃拉特附近,灰色和红色花岗岩尖头山峰被劈成干涸的峡谷和直立的峭壁,绚丽多彩的砂岩在阳光下闪闪发光。

以色列研究人员通过研究发现,内盖夫沙漠有一片被称为"沙漠地表"的区域,极度平坦、干旱,地质变化几乎为零。科学家通过研究发现,那一片地表上的岩石受风化侵蚀较少,在过去的180万年里几乎没有变化,科学家是通过测定地表中铍的同位素含量得出这一结论的,因此内盖夫沙漠地表被认定是地球上已知最古老的地表。

历史上,内盖夫几乎很少有成规模的定居者,人类活动主要反映在游牧民族——贝都因人在那里的足迹。尽管地处沙漠,人烟稀少,

内盖夫荒漠一瞥

内盖夫荒漠一瞥

本－古里安及其夫人的墓地

内盖夫也不乏灿烂历史：亚伯拉罕在别是巴（Be'er Sheva，今译贝尔谢巴）安家；载满奇珍异宝的纳巴泰人（Nabateans）驼队从这里经过。事实上，自有历史以来，就有不同民族在此生活过：游牧民族、迦南人（Canaanites）、非利士人（Philistines）、以东人（Edomites）、拜占庭人（Byzantines）、奥斯曼人（Ottomans），当然还有以色列人（Israelites）。所有生活在此的人的主要经济基础是牧羊业和季节性农业，后来商业也成了支柱。

纳巴泰人的故事尤为迷人。纳巴泰人被认为是沙漠的主人，他们开辟了著名的"香料之路"。驼队驮着东边也门出产的香料、香水和食盐，一直来到港口城市加沙（Gaza），沿途建过不少驿站。这些遗迹如奥维达（Ovdat）和马马谢特（Mamshit）等，直到今天还点缀着广袤的内盖夫沙漠。

现代以色列人在内盖夫的定居活动始于约100年前。在犹太复国主义思想的影响和号召下，当时从欧洲返回以色列故土的第一批拓荒者在那里安营扎寨。这批新移民几乎在一夜之间把他们的房子建了起来，形成了第一个定居点，后来另外11个定居点加入。

以色列建国后,第一任总理本-古里安大力推动以色列人扎根内盖夫,以促进该地区的发展。他第一次卸下总理职务后,以身作则扎根内盖夫,成为一个名叫斯德伯克(Sde Boker)的基布兹成员,真正劳作和生活在那里,直至在那里逝世。今天安葬着本-古里安的墓地成为人们去那里的凭吊之处。本-古里安之举极大激发了以色列民众到内盖夫扎根的热情,特别是以色列的青年一代,越来越多以青年人为主的定居点随之建了起来。内盖夫终于走上了现代发展的道路。

今天的内盖夫分为多个区域:北方的贝尔谢巴-阿拉德裂谷(Be'er Sheva—Arad Rift),中部的山脊和南部的阿拉瓦(Arava)和埃拉特(Eilat)。最大城市是位于地区北部的贝尔谢巴(圣经时代称"别是巴"),有人口约20万,亦是以色列南区的地区行政中心。内盖夫地区的南端是埃拉特湾及度假城镇埃拉特。以色列秘而不宣的核基地迪莫纳(Dimona)就位于内盖夫沙漠境内。

现代的内盖夫已经成为通往沙漠的门户。这里有迷人的自然角落、丰富的历史文化遗迹、清泉和前农业社区留下的遗迹。沙漠旅游方兴未艾,游客纷纷前来内盖夫,或步行,或骑车,或驾驶越野车来饱览这里不同寻常的壮丽风景。

B. 行政区划

以色列国成立后将国家划分为6个行政区(括号内为首府所在地名称),各自拥有属于自身的地理范围:

耶路撒冷区(耶路撒冷)
北部区(拿撒勒)
海法区(海法)
中央区(拉姆拉)
特拉维夫区(特拉维夫)
南部区(贝尔谢巴)

以色列国的主要城市有:耶路撒冷,特拉维夫,海法,里雄莱锡安,阿什杜德,贝尔谢巴,内坦亚,埃拉特等。

四

珍贵的自然资源：河流湖泊

河流湖泊通常是一个地区或国家显示活力的地理标志，是人类集中定居建城的主要地理因素。然而，在以色列地则是例外。由于干旱少雨，以色列地河流数量不仅少，而且大多数属于跨国河流或溪流、径流，湖泊同样十分稀少，因此，以色列的城市基本上不会建造在河流旁边。不过，以色列现有的河流湖泊却构成以色列地独特的地理景观区域，享有盛誉。

以色列地的丝带：河流

约旦河（Jordan River）应该是以色列地最著名的一条河流了，《圣经》中记载的若干事件都与它联系在一起。事实上，约旦河是一条跨国河流，源于叙利亚境内的赫尔蒙山[①]，上游向南流经以色列和约旦境内，中游为以色列与约旦的界河。约旦河最终注入死海，全长360多公里。

约旦河有3个源头：哈斯巴尼河（Hasbani）、巴尼亚斯河（Baniyas）和达恩河（Dan），交汇于以色列北部的胡拉盆地（Hula Basin）。胡

---

① 《圣经》称之为"黑门山"。

拉盆地原是一片沼泽，植物繁茂。以色列国成立后于50年代排水造田，现已开垦出耕地6000公顷。河水流经胡拉盆地后注入加利利海，然后出加利利海南行，其东侧接纳了2条主要支流，它们分别是耶尔穆克河（Yarmuk）和扎卡河（Jabbok），然后流入果尔（Ghawr）平原。

约旦河在最初的75公里中落差甚大，河水湍急，注入沼泽化的胡拉湖后，水面已经略低于海平面。流出该湖后，进一步下降大约25公里，汇入加利利海。在加利利海以北的河段，构成戈兰高地的西部边界；在加利利海以南的河段，则构成约旦王国（东侧）和以色列、西岸（西侧）的边界。在下游河段，河流的比降进一步减小，河道也变得蜿蜒曲折，河水流淌平缓。加利利海至死海的直线距离仅100余公里，而此段约旦河的河道长度却为200多公里。约旦河的最后归属是注入低于海平面大约400米的内陆湖——死海。

约旦河最初的来源：最东部的源头是锡永溪，从巴约城流出的泉水。《新约》将巴约城称为凯撒利亚腓立比。旦溪的泉水，作为约旦河众源头中水量最为充沛的源头，从附近逆流而上，一直抵达但支派分封地以北地区的重要古代城镇特尔旦。在该城的中央另有一泉，名为艾因—莱内。泉名是根据但支派夺取该城前的城镇名取的。第三个源头是斯尼（哈茨巴尼）溪。该溪源自黎巴嫩，在进入以色列地疆界后成为水量充沛的溪流。所有这三源头的水都流入胡拉湖的北部，当水从胡拉湖再次流出后，汇成一条滔滔不绝的河流。还有一处在

约旦河上游水源充沛清澈　徐新　摄

湍急的约旦河上游　徐新 摄

稍远地方汇入约旦河的溪叫阿云溪，该溪因溪床形成"塔鲁"（"散发"之意）瀑布而闻名，不过，它在夏天时因没有降水而干涸。古人对约旦河的上述三处源头显然是知晓的，当时的人把约旦（又译亚顿）这一名称视为是"约耳"和"旦"的结合体，尽管这造成约旦河仿佛只有两个源头的假象。

约旦河还是世界上海拔最低的一条河流。它所流经的约旦河谷实际上是世界上著名的东非大裂谷的组成部分。如果从北向南描绘东非大裂谷的地理位置，那么，约旦河谷就可以说是东非大裂谷的起点。东非大裂谷平均宽约10公里，最窄处在加利利海两端，最宽处在耶利哥（Jericho）一带，宽约24公里。

约旦河的水流量变化巨大。20世纪30年代，约旦河的水流量曾达到13亿立方米，而目前只有2000万至3000万立方米。在过去的50年间，为了生活用水和农业灌溉，以色列、约旦和叙利亚从约旦河及其支流抽走了大约98%的水。加上雨水减少，常常导致约旦河陷入"无水可流"的境地。

约旦河因其悠久的历史和独特的人文信息而不同寻常，无数次出现在诸多宗教典籍和文学作品中，是一条与古代以色列地历史文化紧密联系在一起的河流。

在《圣经》中，约旦河被描述为一条滋润了肥沃大平原的河流，由于植被繁茂，被称为"耶和华的花园"（《创世记》13:10）。圣经中对约旦河的描述通常分散见于各卷。雅各为了到达哈兰，渡过约旦

四 珍贵的自然资源：河流湖泊

平缓的约旦河下游　徐新 摄

河及其支流扎卡河。在古代，约旦河也是一条界河：以色列两个半支派定居在约旦河以东（《民数记》34:15），而玛拿西等九个半支派则由约书亚率领，定居在约旦河以西（《约书亚记》13:7）。

在耶利哥的对面，称为"耶利哥的约旦河"（《民数记》34:15，35:1）。约旦河有许多浅滩，其中之一是以许多以法莲人在此被耶弗他所屠杀而著称（《士师记》12:5-6）。而在伯巴拉附近的浅滩，基甸曾在那里伏击米甸人（《士师记》7:24）。在约旦河的平原，在疏割和撒拉但之间，则是所罗门铸造其铜器的场地（《列王纪上》7:46）。

同样在圣经中，约旦河还是数次神迹发生的地点。第一次奇迹发生在耶利哥附近，以色列人在约书亚带领下渡过约旦河（《约书亚记》3:15-17），后来其中两个半支派定居在约旦河以东，在河岸上建造大型祭坛，见证他们和其他支派的存在（《约书亚记》22:10，22:26）。以利亚用自己的外衣击打河水，水就左右分开，他和以利沙两人走干地过了约旦河（《列王纪下》2:8）。以利沙在约旦河完成了

耶稣受洗处公园　徐新 摄

圣经新约的中文碑文　徐新 摄

另外两个神迹：让乃缦在约旦河水中沐浴7次，治愈他的麻风病；将一根木头抛在河中，使落水的斧头浮出水面（《列王纪下》5:14）。

圣经新约同样包含了若干对约旦河的记载，譬如，施洗约翰为悔改者在约旦河施行浸礼（《马太福音》3:5-6；《马可福音》1:5；《路加

受洗前的祈祷　徐新 摄

福音》3:3;《约翰福音》1:28),而在《约翰福音》中(1:28)则详细记载此事发生在伯大尼。相传耶稣就是在约旦河中接受了施洗约翰的洗礼(《马太福音》3:13;《马可福音》1:9;《路加福音》3:21,4:1)。也是在约旦河,施洗约翰宣称耶稣是神(上帝)的儿子和神的羔羊(《约翰福音》1:29-36)。以赛亚对弥赛亚的预言中提到过约旦河(《以赛亚书》9:1-2),并在《马太福音》4:15得到复述。约旦河也因此成为世界各地基督教朝圣者心中的一条圣河,每年都有皈依者不远万里来这里受洗。

耶稣生前曾数次渡过约旦河(《马太福音》19:1;《马可福音》10:1),信徒和追随者也渡过约旦河来听他讲道,以及治愈他们的疾病(《马太福音》4:25;《马可福音》3:7-8)。当敌人试图抓捕他时,耶稣逃至约旦河外,在施洗约翰最早施行浸礼的地方避难(《约翰福音》10:39-40)。

有鉴于此,约旦河流域已经成为以色列重要旅游目的地,每年数以万计来自世界各地的游客造访此地。由此可见,约旦河不仅是以色列重要的淡水资源,也是重要的文化旅游资源。

亚尔孔河汇入地中海处

亚尔孔河（Ha Yarkon，亦译为雅孔河）是以色列中部少有的一条河流。河名的希伯来语意为"绿色"，形象地反映了河水的色彩。亚尔孔河发源于佩塔提克瓦北边的特拉费克，向西流经古什但与特拉维夫的亚尔孔公园，随后注入地中海。亚尔孔河是以色列最大的海岸河流，从陆地流向海洋，并最终汇入海洋。干流河长27.5公里，整条河水清澈呈绿色，令人赏心悦目，是以色列十分难得的一条可以在其中泛舟的河流。

耶尔穆克河是跨国河流，是约旦河最大的支流。上游位于叙利亚境内，中游为叙利亚与约旦的界河，下游为戈兰高地及以色列本土与约旦的界河。发源于叙利亚西南部的豪兰，上源为哈里尔涸河、阿兰河与扎伊迪涸河；中游有一段为叙利亚与约旦的界河；下游在太巴列湖以南约10公里注入约旦河。长仅80公里左右，但汇水面积达7250平方公里，落差达300米，故灌溉与水力资源较丰富。现约旦已将该河河水导入约旦河谷地东岸的东果尔灌区，河上有拦河坝与水电站，并将在中游的马卡林修筑水库。中游谷地为横穿西亚裂谷东侧高地的重要通道之一。

亚尔孔河干流

哈斯巴尼河是一条跨国河流，约旦河的上游支流之一。上游位于黎巴嫩境内，下游一部分是戈兰高地与黎巴嫩的界河，最终流入以色列境内。

达恩河是约旦河上游的三支流之一。河流水源来自但城一带沿着地下断层线冒出的多个水泉。河名源自古代以色列人城市"但城"，在《士师记》时期由但支派占有。虽然达恩河本身长度有限，只有20公里长，但它的水量充沛，每年为胡拉河谷供应多达238百万立方米的水，贡献不谓不大。

以色列地的血液：溪流

以色列由于干旱少雨，河流非常少。不过，季节性的溪水或径流是存在的，特别是在山区、山谷地带，这样的流水通常被称为溪流。

干谷凯尔特（"凯尔特"指的是荒漠中有大量水流出的裂缝）是一条著名的溪流，将斯科普斯山的东北坡朝着耶利哥方向切开，该干谷中有数座泉水。在古代，这些干谷就是灌溉耶利哥绿洲南部的河道。有学者把该干谷与《密西拿》中提及的基普柔斯溪流联系起来，视为是"毁灭性战争牺牲者鲜血流淌"的地方（这里所说的战争指的是导致耶路撒冷在公元70年遭罗马人摧毁的那场战争）。今天，人们习惯上把它叫作基立溪，因为先知以利亚曾在那里居住过（《列王纪上》17:3-5），或伯拉河，因为先知耶利米曾在那里藏其腰带（《耶利米书》13:1-7）。

由于该溪流总是有水，干谷凯尔特裂缝在基督教兴起之初就已经是基督教修道士的一个基地。今天，有两座修道院活跃在那里，其中一座是圣乔治修道院，它的绚丽吸引众多游客的目光。圣乔治修道院由希腊东正教管理，拥有一处十分独特的马赛克镶嵌地面。在修道院的教堂内，还挂有不少拜占庭时期的画像，对圣徒进行描绘，如反映来自乔自巴的圣约翰的画像。根据基督教传统，乔自巴作为一个乡村就坐落在这附近。另一个基督教传统认为耶稣之母玛利亚的父母，约阿希姆和安娜，曾在那里生活过一段时间。沿着干谷涌出的泉水由输水管道输至耶路撒冷。泉水之一的艾因－凯尔特泉曾为坐落在耶利哥的希律王宫输水。

基德隆溪流从来就是耶路撒冷的东部边界,其城市的范围一如大卫城山岗时代那样。它附近的唯一泉水基泓泉的河床不断抬高,泉的周围地区因其花园(即《圣经》所说的"国王花园")而享有名声。

基德隆溪流还曾是耶路撒冷古代墓地的边界。该墓地的留存部分今天仍然可以在其东岸的锡尔万村范围内。其中壮观的押沙龙墓、撒迦利亚墓、希泽祭司家族墓地等一直为人称道。基德隆溪流同时也是橄榄山的边界,橄榄山的山坡一直抵达基德隆溪流的东岸。

以色列地的明珠:湖泊

由于缺少雨水,以色列地的湖泊数量也十分有限。最著名的湖泊是加利利海和死海。

加利利海(the Sea of Galilee,又称基尼烈湖、太巴列湖。古代的人们因其水面宽阔将其视为海,故有"加利利海"之称)是以色列最

加利利湖景一瞥 徐新 摄

大的一个淡水湖，面积为 165 平方公里，水深约 40 米，低于海平面约 210 米。其主要水源来自约旦河，约旦河水从北部流入湖中。流入湖中的还有多雨冬天在该地区形成的洪水，以及湖底若干眼泉水涌出的清泉。约旦河同时从湖的南端流出，从而防止了湖水变咸。

加利利海渔业资源丰富。在古代，生活在其周边的居民便靠打鱼为生。由于其周围的谷地狭小，农业在当地人民经济生活中所占的地位并不十分重要。只有加利利海北部的热耶沙和布特哈谷地，以及南部的约旦谷地可以进行农业耕种，这些地区是湖区历史上有名的区域。耶稣在加利利的游历中曾经到过迦百农、伯塞大、哥拉汛村庄这些地方，使得它们名扬世界。耶稣的一些门徒，如安德烈和彼得，是来自这一地区的渔夫。湖中盛产一种被称为"彼得"的鲫鱼（当然这一命名是为了纪念使徒彼得），成为去那里旅游的人们喜爱的美食。耶稣在该湖周围地区行施过神迹的传说，以及有一座在其中布过道的犹太会堂使得该地区在基督教兴起后成为吸引基督朝圣者的一个重要地区。

加利利湖宽阔湖面上的游船

加利利湖所蓄的淡水是整个以色列饮用水的主要来源。以色列建国后在那里兴建了国家级人工渠输水工程，将加利利湖的优质淡水输送至以色列严重缺水的南部地区。

由于加利利湖湖面宽阔，以色列的不少水上运动在那里开展。乘船驾舟欣赏湖光山色是那里非常受人欢迎的旅游项目。

死海（The Dead Sea）在圣经时代亦被称为咸海，是一个内陆盐湖，一个比海洋咸得多的湖泊。它是世界上盐度最高的天然水体之一，同时也是世界上地势最低的湖泊，湖面海拔 -430 米。经测量，死海的湖岸是地球上已露出陆地的最低点，故有"世界的肚脐"之称。它的地理位置在以色列南部，位于以色列和约旦之间的约旦谷地。

死海长 67 公里，宽 18 公里，面积 1050 平方公里。死海是以色列和约旦共同拥有的湖泊，西岸为以色列的犹地亚山地，东岸为外约旦高原。约旦河从北注入，每年向死海注入 5.4 亿立方米的水，另外还有四条流量不大但常年有水的河流从约旦东面注入。夏季的蒸发量大，而冬季因雨季有较多的水注入，所以死海水位具有季节性变化，从 30 厘米至 60 厘米不等。死海湖水的深度惊人，平均深度为 300 米，最深处达 415 米。湖水盐度极高，且越到湖底盐度越高，最深处有湖水已经结晶化。一般海水含盐量为 3.5%，而死海的含盐量在 23% 至 30%。表层水中的盐分 227 g/L 至 275 g/L，深层水中达 327 g/L，为普通海水的 8.6 倍。在这样的水中，鱼儿和其他水生物都难以生存，水中只有细菌没有其他生物，岸边及周围地区也没有树木花草生长，故称之为"死海"。

由于死海是内流湖，水的唯一外流途径就是"蒸发"，而蒸发只能失去水分，水中包括盐分在内的各种矿物质则保留了下来。经过百万年，海水蒸发后留下越来越丰富的氧化盐——镁、钠、钾、钙和溴，使得海水（特别是其中盐的含量）的比重越来越大。

同样由于约旦河是唯一注入死海的河流，死海的水基本上来自约旦河（只有极少量的水是因为偶尔的降雨从周边的山体流入），因此约旦河河水流入水量与蒸发水量决定死海的水位。近年来因约旦和以色列向约旦河取水供应灌溉及生活，死海水位受到严重的威胁，水面

四 珍贵的自然资源:河流湖泊

死海 杨金荣 摄

已经以每年1米的速度下降。2006年时死海的海拔为 -418 米,2007年时海拔更低到 -420 米,现在为 -430 米,湖的面积几乎比50年前少了二分之一。

　　死海虽让大部分动植物无法生存,但可以让不会游泳的人在海中游泳。死海的浮力非常大,任何人下水入海,都会被海水的浮力托住,而不会下沉,这是因为死海中水的比重是 1.17~1.23,而人体的比重只有 1.02~1.10,水的比重超过了人体的比重,所以人就不会沉下去。不过,由于浮力巨大,如果想以正常泳姿(蛙泳、自由泳、侧泳)在死海游泳是非常困难的,因此在死海游泳实际上是一种漂浮,游泳者通常仰卧在海水中,可以看报读书,给下水的人一种奇妙而独特的经历。仅这一点,每年就吸引成千上万来自世界各地的游人。

　　死海全年大部分时候天气晴朗,气候干燥。多年平均雨量少于50毫米,夏季平均气温在 32℃ 至 39℃ 之间,冬季平均气温在 20℃ 至 23℃ 之间。由于水的比热容大于陆地,水体对周边地区的气温起到了调节的作用，在冬季，水上气温倾向高于陆地气温，夏季则正好相反。这样一年四季，死海都适合喜欢在海中游泳的人群。

死海对于以色列和约旦来说是一种极其宝贵的自然资源。海水蒸发后留下一批独特的氧化盐——镁、钠、钾、钙和溴等物质极为宝贵。其中溴以其具有镇静疗效而闻名，它在死海周围空气中的密度比在地球其他任何地方都要高出20倍，而且富含高浓度的盐和硫化氢。钾则是一种生产化肥的重要元素，以色列因此得以生产用于大量出口的化肥。

死海海底的黑泥含有大量的硫化物和矿物质，能很好地保温、清洁皮肤、减轻关节痛。为此，以色列在死海边开设了几十家美容疗养院，美容师将疗养者浑身上下涂满黑泥，只露出两只眼睛和嘴唇。富含矿物质的死海泥具有美容的特殊功效，用它制成的护肤美容品具有提亮肤色、改善暗沉、深层清洁、淡化纹路等功效。以色列以此开发出在全世界享有盛誉的AHAVA系列护肤产品，成为以色列出口的拳头产品。

从希律王时期开始，死海还是世界上最早的疗养胜地，湖中大量的矿物质含量具有一定的安抚、镇痛效果。死海的海水不但含盐量高，而且富含矿物质，常在海水中浸泡，可以治疗关节炎等慢性疾病。

由于死海的陆地海拔为负400多米，死海地区成为地球上气压最高的地方，那里的空气含氧量也比其他地方要高。高含氧量的空气让人感到呼吸自在。此外，由于该地区在海平面之下400多米，空气的厚度也相应增加400多米，因此，阳光要穿过特别厚的大气层才能照射到人的身上。这样阳光中的部分紫外线就被空气阻挡了，人们可以放心地长时间在这里晒太阳，而不用担心紫外线的副作用。

凡此种种，使得死海地区成为一处理想的休假疗养胜地。每年都有成千上万的人从世界各地来到死海休假疗养，以求恢复他们的精力和健康。

20世纪以来，由于海水的蒸发加剧和约旦河带来的水越来越少，湖的水位不断下降，死海因此被逐渐露出的陆地分隔为两部分：南湖与北湖。远远望去，死海形似一条双尾鱼，在阳光的照射下，海面像一面古老的铜镜。现在，死海的南湖已基本完全消失，只剩下北湖了。为了防止死海的消失，世人提出若干拯救死海水位的计划，其中包括以色列和约旦共同决定的补救项目。根据设想，两国将联合在死海和亚喀巴湾之间开凿一条运河，用红海的水补充死海失去的水分。该计划可行性已经得到充分的论证，如果能够实施，由于地势的落差，只需用抽水机将红海的海水引入计划中开挖的运河，红海的水便可以自动流动数百公里后进入死海。

五

氤氲山峰特有的历史文化

以色列的地形地貌多种多样,但除了沙漠之外,大部分地区都是丘陵和山脉,形成了大量小山岗,这些丘陵和山脉有时会被山谷和平原分开。犹地亚山是该地区的中心,也是以色列历史的核心地,重大历史事件通常都发生在那里。该山脉曾是犹大王国的所在地,也是最早的犹太人定居点。山的北面是迦密山山脉,它从地中海延伸而来,被郁郁葱葱的植被所覆盖。越过迦密山脉后,人们便来到了耶斯列谷(Jezreel Valley)和加利利丘陵地区。这里拥有以色列最高峰之一梅龙山,地球上的最低点山脉,以及部分具有重要历史意义的山峰。

圣殿山(Temple Mount)是耶路撒冷城中的一座小山。最初它只是那地区一座极为普通的被称为摩利亚山的小山岗,高度只有数十米,后因犹太人在那里建造起用来崇拜上帝的圣殿,这才被称为"圣殿山"。圣殿山从此被视为犹太教最神圣的地方。

相传,古代以色列的第二位君主大卫王在定都耶路撒冷后,就一直打算建造一座用来崇拜上帝的圣殿。为此,他特地从当地人手里购买了摩利亚山顶上一块用于晒谷的土地,并预备了建殿用的材料。不过,圣殿的建造是在第三位君主所罗门王手里完成的。所罗门登基第四年(约公元前967年)开始建造,历经七年建成,史称"所罗门圣殿",或"第一圣殿"。建成的圣殿长约30米,宽约10米,高约15米。

五　氤氲山峰特有的历史文化　055

从橄榄山眺望的圣殿山及耶路撒冷老城

圣殿落成后，摩利亚山的称谓从此由"圣殿山"代替，圣殿旋即成为犹太教崇拜上帝的主要场所，圣殿所在地耶路撒冷从此被称为"圣城"。

由于摩利亚山顶用于晒谷的土地面积有限，为了扩大殿的面积，建造者在摩利亚山四周建造了护墙，然后削平山顶，用山石填平山体与护墙间的空隙，从而形成人们今天看到的巨大平台。圣殿就建造在这一人造平台上。

历史上圣殿山先后建造过两座圣殿。由所罗门建造的第一圣殿于公元前586年被入侵该地区的新巴比伦国王尼布甲尼撒二世焚毁。公元前539年，波斯帝国推翻了新巴比伦王国。波斯王居鲁士大帝颁旨，允许犹太人返回耶路撒冷，重建圣殿。犹太人于公元前516年在圣殿山原所罗门圣殿被毁的地基上建造起了新的圣殿，史称"第二圣殿"。第二圣殿于公元70年被入侵的罗马帝国将军提图斯所毁。被毁前的耶路撒冷圣殿内的至圣所藏有约柜，被视为是犹太教最神圣的所在，只有大祭司才有资格一年一次进入至圣所。

需要补充的是，公元前37年，大希律王出于保护圣殿、强化圣殿山建筑结构的目的，同时也是为了扩大圣殿山范围，对圣殿山的挡土护墙进行了维修加固。目前人们看到的西墙就是围绕圣殿山所建造的墙体的一部分（公元前22年—公元前4年）。墙体四周建造的柱廊是为了容纳在犹太三大朝圣节前来圣殿献祭的众多人群，这显然属于一个巨大的工程项目。最近的发掘表明希律王生前并未完成此项工程，不过，墙底部的大石块区段的确是建于希律王时期。由于这一保护性的工程，当罗马人焚毁第二圣殿时（公元70年），尽管圣殿山西墙的顶部也同时遭到毁坏，环绕第二圣殿庭院的古护墙还是基本保存了下来。在穆斯林时代的早期（7—8世纪），

圣殿山与哭墙远眺　徐新 摄

西墙（哭墙）　徐新 摄　　　　　西墙前的祈祷广场与祈祷者　徐新 摄

占领该地区的阿拉伯人不仅在犹太人圣殿的遗址上建造了清真寺，而且对该墙进行了维护。到了14世纪，又在它的上面增加了数层砖石。

  人们今天看到的由大希律王加固而保存下来的墙体是圣殿山西面的墙，故称为"西墙"。鉴于这一段墙被认为是当年最靠近圣殿的，它成为犹太教信仰中除圣殿山本身以外最神圣的地点。在圣殿不在的情况下，西墙自然成为犹太人凭吊和祈祷的最佳处。圣殿山的故事印证了中国谚语"山不在高，有仙则灵"。包含西墙在内的圣殿山于1981年被列入世界文化遗产目录。

  历史上，由于人们不断在西墙周围建造房屋，西墙可供人们祈祷的空间十分狭小。1546年，一场地震摧毁了建造在圣殿墙附近的建筑，打那以后，可进行祈祷崇拜的面积得到扩大。1967年以色列在"六日战争"中夺回了对耶路撒冷的控制权，不断扩大西墙前广场的面积，使之达到今天我们所熟悉的范围。

  现在供犹太人祈祷的那段西墙长57米，而完整的西墙长达488米。由于历史和城市的变化，西墙的大部分都隐藏在两侧

西墙的地下部分　徐新 摄

今日西墙祈祷广场．徐新 摄

的建筑物中。其中南边的一段长 80 米，另外一小段在圣殿山铁门附近。最初的墙由 45 层石块堆叠而成，总高 32 米。在西广场的地面上可以看到 28 层，高度为 19 米，地面下还有 17 层，可以通过探井清晰地看到。

  焚毁第二圣殿后，罗马帝国曾在圣殿遗址上盖了一座罗马的最高神祇朱庇特神庙，并将以色列地改名为巴勒斯坦。公元 637 年，信仰伊斯兰教的阿拉伯帝国兴起，占领巴勒斯坦后，先后在圣殿遗址上兴建两座清真寺。一座称奥玛清真寺（建于 690 年，由于该清真寺有金质穹顶，被通称为"圆顶清真寺"）；另一座是阿克萨清真寺（建于 710 年），由于它远离麦加，因此被称为"远寺"。

  锡安山（Mount Zion）是耶路撒冷老城南部一座山的名称。后来该名称经常用来指代耶路撒冷全城乃至以色列全地，经常简称为"锡安"。锡安含义的引申有一个发展过程，最初是在圣经时代。圣经第一次提到锡安是"然而大卫攻取锡安的保障，就是大卫的城"（《撒母耳记下》5:7）。锡安，它原是耶路撒冷城中一座古代堡垒的名字。锡安不仅代表堡垒，也代表堡垒所在的城市。大卫攻下"锡安的要塞"

之后,锡安就被称为"大卫城"。所罗门在耶路撒冷建造圣殿时,锡安在意义上延伸为"包含圣殿和它周围的区域"(《诗篇》2:6,48:2,132:13)。锡安后来被用作指耶路撒冷城、犹太全地和犹太民族的总称。

位于耶路撒冷的锡安山上有一系列名胜古迹,其中包括大卫王墓衣冠冢、圣母玛利亚逝世的地方"圣母安眠教堂"(教堂地下室有座躺卧着的玛利亚进入永久睡眠的雕像)、马可楼(亦称"晚餐楼"),相传马可楼是耶稣与门徒共进最后晚餐,并遭到犹大出卖的地方,以及《新约》中许多事件的发生地。不过,现代考古认定所谓"耶稣的晚餐室"原本是十字军时代所建,拥有美丽的拱形线条,在15世纪伊斯兰教占领锡安山时将之改为清真寺。

圆顶清真寺　徐新 摄

今天锡安山对于犹太人和基督徒来说,具有特别的宗教历史价值。它不仅是以色列一座标志性的宗教之山,也是当地标志性的旅游景点,中东历史不可缺少的一个地方。

橄榄山(Mount of Olives)是圣殿山对面的一座小山,在耶路撒冷老城之外。尽管山的高度有限,名气却巨大。它的西坡完全由墓地覆盖,其中最大和最重要的是具有2000多年历史的犹太墓地。自古以来,犹太传统一直将橄榄山神圣化,认为在末世(世界末日)到来之时,上帝会使所有的人复活(所谓枯骨逢春复活),而安葬在这里的人将最先复活,因此被视为是一处圣地。如果死后能够葬在那里,对一个犹太人而言,是莫大的荣耀。在圣殿被毁后,该山一度是犹太

阿克萨清真寺背面广场　徐新 摄

民族聚集的地方，有"上帝的脚凳"之称。

犹太人对橄榄山的圣化还使得该山成为基督徒和穆斯林眼中的圣地。相传，耶稣就是沿着这山的道路，一条被称为"棕榈道"的小路，进入耶路撒冷的。基督徒认定橄榄山的主峰就是耶稣升天的地方，到处散落的众多基督徒尸骨埋葬处就是其见证。

19世纪以来，由于交通的便利以及基督教对圣地价值认识的上升，橄榄山因其独特的地理位置成为基督教机构置地造屋的首选之地。该山的山坡和山脚下出现了一系列与耶稣联系在一起的建筑。

位于橄榄山山下汲沦谷的客西马尼园无疑是一处极为重要的圣地。客西马尼园原是耶路撒冷的一个果园。根据新约圣经和基督教传统，该园子是耶稣在被钉上十字架的前夜，和自己的门徒在食用了最后的晚餐之后进行祷告的地方。根据《路加福音》22:43-44的记载，耶稣在客西马尼园极其忧伤，"汗珠如大血点滴落在地上"。客西马尼园也是耶稣被他的门徒犹大出卖的地方。此外，东正教传统认为，客西马尼园是使徒安葬圣母玛利亚（耶稣的母亲）的地方。

"客西马尼"的希腊语名称Γεθσημανι，源于阿拉姆语，意为"榨油机"（指橄榄油）。园中种植有许多看上去树龄久远的橄榄树，传说认定其中一株为2000年前耶稣亲手所植。然而，今天的科技测出，园中树龄最长的橄榄树植于900年前。

主泣教堂于1953年到1955年间设计建造，设计成眼泪形状，并且取名为拉丁文Dominus Flevit，含义为"主在此哭泣"。该教堂是一个天主教教堂，正对着耶路撒冷老城，纪念耶稣曾在这里哀哭耶路撒冷即将被毁事件。　　徐新 摄

但这一结果并不影响人们对客西马尼橄榄园宗教意义上的认知。教皇保罗六世在20世纪60年代对以色列历史性访问的期间，曾专程来到客西马尼园凭吊，并在园中亲手种植了一株橄榄树，为橄榄园的传奇故事再增添一笔。

客西马尼园吸引人的地方不仅是它的橄榄园，而且还有建在其中的万国教堂。万国教堂（Church of All Nations）又名山园祈祷大殿（Basilica of the Agony），是世界上四大著名教堂之一。相传，耶稣被捕前的晚上曾在此祷告，神告诉他只能再活七天了。教堂内供奉着传说中当初耶稣祷告时所坐的石头。教堂外观上方的马赛克镶嵌画，中间着红衣服的是耶稣，他张开的双臂代表着，在最后七天的生命里努力做好上方的主交办他的事项，而身上的希腊字母则代表起源或结束都来自主。两旁的信众一边是相信耶稣会带给他们希望的，另一边则是怀疑他的，但最终两边都会信他的。

万国教堂建于1919年到1924年间，实际上是建造在两座古代教堂的基础上——12世纪的十字军教堂（1345年废弃）和4世纪的拜占庭教堂（毁于746年地震）。在建造过程中，人们发现地基有拜占庭时代教堂遗留下来的遗迹，教堂的设计师当即修改建造方案，保留了原遗迹的马赛克拼贴图案。今天，人们才可以观赏到这一遗物。

客西马尼园中树龄较长的橄榄树

该教堂的建造得到许多不同国家的资助,因而被命名为万国教堂。出于感谢,教堂将每个提供资助的国家标志置于天花圆拱的玻璃板上。教堂为拜占庭风格建筑,有圆顶、粗大的列柱和镶嵌图案。该教堂的建筑师是安东尼奥·巴鲁兹(Antonio Barluzzi)。

事实上,客西马尼园是早期基督徒朝圣的焦点。333 年,匿名的"波尔多朝圣者"前来拜访,他的行程记录是基督徒前往圣地朝圣留下的最早记载。在他的《凯撒利亚的尤西比乌斯》(*Onomasticon, Eusebius of Caesarea*)记载客西马尼园位于"橄榄山脚下",又说"信徒习惯于前往此处祷告"。

橄榄山还建有俄罗斯东正教会的 Maria Magdalene 教堂。该教堂具有独特的金色洋葱形屋顶(拜占庭/俄罗斯风格),是沙皇亚历山大三世为纪念其母而置地建造的。该山由于与一系列耶稣事件有关,成为基督徒的一个朝圣中心。

不仅如此,由于独特的位置,橄榄山现在还是人们眺望圣殿山和耶路撒冷老城的最佳景点。每天都有成百上千来自世界各地的旅游者来到这里眺望、欣赏圣殿山和耶路撒冷老城美景。

斯科普斯山（Mount Scopus）是橄榄山山脉的三座山峰之一，海拔826米，位于耶路撒冷东北部，站在山顶可欣赏到这座城市的美丽景色。

斯科普斯山曾经是罗马军队的据点，发生过好几次战争。现在，这里是以色列最著名高等学府——耶路撒冷希伯来大学的校园所在地，也是一个热门的旅游景点。该地区拥有多个观察点，还分布有石制纪念碑。它的西坡是弹药山（Ammunition Hill），那里有个纪念碑和一个专为六日战争而设的博物馆。游客也可以参观那里的数个墓地和位于耶路撒冷希伯来大学内的国家植物园。

迦密山（Mount Carmel，又译卡梅尔山、加尔默罗山等）是以色列北部的一个山脉，濒临地中海，得名于希伯来语"Karem El"，意思是"上帝的葡萄园"。古代这里的确适合葡萄种植，有成片的葡萄园，而且山上的土壤始终以肥沃著称。

迦密山山脉长39公里，宽约8公里，高525.4米。海法市就位于

万国教堂正面入口　徐新 摄

迦密山西侧的海角，沿着山脊有数个德鲁兹人的城镇。迦密山在许多宗教中都被认为是圣山，如犹太教、基督教、艾赛尼派，并且至今影响着许多其他宗教运动（如巴哈伊信仰）。2015年7月，联合国教科文组织将迦密山的原始人类遗址列为人类遗产地，范围包括迦密山山脉的整个西坡。

圣经对迦密山多有提及。譬如，至高上帝的先知以利亚与服侍外邦神巴力的450人在迦密山上分别筑坛献祭，结果发生神迹，上帝的坛上降下火烧尽燔祭，以利亚获胜，并当场命百姓杀死了崇拜巴力的450名异教徒。12世纪，罗马天主教修会加尔默罗会由意大利人贝托尔德（Bertold）在迦密山成立，贝托尔德是一名朝圣者，加尔默罗会后来发展成为世界主要的天主教修会之一。

第一次世界大战期间，迦密山扮演了重要的战略角色，是1918年英军与奥斯曼帝国对决的转折点。英军的胜利使英国获得巴勒斯坦地区的委任统治权，巴勒斯坦地区从此进入一个新的时期，走上现代发展的道路。

迦密山还是巴哈伊信仰的圣地（由巴孛陵寝、巴哈伊阶梯花园和拱形区域构成）和总部所在地。巴哈伊教的管理中心（世界中心）坐落在迦密山的北坡，是巴哈伊信徒重要的崇拜和行政中心，此地也因此成为海法游客量最大的旅游胜地。

梅龙山（Mount Meron）是以色列境内的最高峰之一，高1208米，位于耶斯列谷（Jezreel Valley）和加利利丘陵地区。梅龙山顶绿树成林，并有一条供登山者使用的环形小道。在这片美丽的圣地上分布着令人难以置信的美丽观景台和令人感兴趣的景点，游客在约一小时的徒步登山过程中，可以欣赏到梅龙山最奇丽的景色。

距其最近的城市是采法特。被视为圣人的西蒙拉比和《光明之书》作者的墓地就在这片山区之中。西蒙拉比的墓地历来被视为犹太教四大圣地之一。每年的篝火节前后众多犹太朝圣者到西蒙拉比之墓扫墓凭吊。靠近西蒙拉比之墓的是《塔木德》时期圣贤希勒尔的墓穴。由于该墓穴置于一山洞之中，故又被称为"希勒尔拉比洞"。墓地附近建有梅龙大教堂，教堂应该是公元三世纪左右建成的。

迦密山

赫尔蒙山（Mount Hermon）是一座位于东黎巴嫩山脉南部的山，意为"圣山"。终年积雪，不仅春季积雪不化，秋季在山顶和部分山沟中的积雪仍有 6 到 9 米厚，因白如老人的银发，又称"老人山"。赫尔蒙山最高峰海拔为 2814 米，南北蜿蜒近 30 公里，被认为不仅是巴勒斯坦地区最高的山，而且是环地中海的最高峰。

古代，西顿人称赫尔蒙山为"西连"，亚摩利人称为"示尼珥"，迦南人称为"西云山"。以色列人未到迦南以前，赫尔蒙山为敬拜巴力之圣山，建有巴力的神庙。不过，该神庙或为以色列人进入迦南时所毁。至今在最高峰顶处尚留有神庙地基之遗址。

赫尔蒙山腰陡峭峥嵘，山坡土地肥沃，茂树青葱，果产甚丰。约旦河即发源于此山。约书亚战胜迦南人时，以此山为以色列北部边界。由于海拔高，山顶夜露极多，与其他地区下小雨相似。圣经中记载，诗人常以这山的甘露为甘美、丰足的比喻，并预言赫尔蒙山必因耶和华的名欢呼。

他泊山（Mount Tabor）位于耶斯列平原的中心部位，在平原上向上隆起约 588 米，尽管山的高度有限，但相对于周围的平原给人的感

巴哈伊阶梯花园　徐新　摄

觉十分高大，看上去比实际高度更为险峻。犹如在华北平原上凸起的泰山。这一自然特征使他泊山在所有时期都为世人注目。

在圣经时期，他泊山是三个支派世袭地的边界划分点。它被描绘成以色列支派在反对迦南人的战斗中，在底波拉和巴拉领导下一起聚集的地方。火把在山上点燃，罗马统帅庞培与哈斯蒙尼王朝之间的战争就在他泊山周围进行（公元前63年）。由他泊山向南望去是耶斯列平原与撒马利亚山丘；向北望去是绿色森林和平原；东边是约旦山地与河谷；西边则看到的是耶稣故乡拿撒勒山地。

根据基督教的传统，他泊山被认为是耶稣变容山。《新约》（《马太福音》17:1-13）记述了耶稣与他的三个门徒登山一事。在山上，当摩西和以利亚在耶稣面前显现时，耶稣变了容。尽管故事没有说出他泊山的名字，但早期的基督教传统还是把这一事件与他泊山联系在一起。早在6世纪，山顶上便建有一座教堂，吸引众多朝圣者。

公元66年，著名犹太历史学家约瑟夫斯（Josephus）领导犹太军队到北方镇守，抵抗罗马军队。他曾替山顶上的市镇加设壁垒，这道围墙的遗址至今仍然清晰可见。在十字军东征时，这座山也很著名。

他泊山自古就是驰名的地标，具有导航功能，由米吉多前往夏琐的沿海航道，通常都以他泊山作导航辨别方向。

拉蒙山（Mount Ramon）位于内盖夫沙漠地区，是那里的最高峰，不过，它并无挺拔的身姿，为它带来名声并和它相映照的是"拉蒙地坑"（Maktesh Ramon）。

"Maktesh"一词出自希伯来语，意为"陨石坑"，不过，这里的maktesh应该被视为是内盖夫沙漠的一种特殊地质地貌，因为它实际上既不是由陨石形成的撞击坑，也不是由火山喷发形成的火山坑，而是一谷地，是几百万年前地层断裂产生缝隙，地下水不断侵蚀，从内部将山掏空的谷地。而山顶经自然侵蚀风化，裸露出石灰岩体，便形成了这样的地貌。因此，maktesh更准确的定义是"侵蚀谷地"。

站在拉蒙山岭上，地壳数百万年的变化尽在眼底。雷蒙和阿尔顿地区的古河流在干涸之前曾流过这个区域，经年累月形成一个巨大的碗状大谷坑，深约300米，宽8000米，长4万米（40公里）。周边的砂岩、火山岩和化石颜色丰富、层次分明。

"侵蚀谷地"作为一种独特的地质现象，在世界范围内并不多见，目前被发现和认定的这样的地质奇观共有7处,2个在埃及的西奈沙漠，其余5个都在以色列境内。"拉蒙地坑"是目前发现的最大"峡谷"，故有"拉蒙大峡谷"之俗称。

在地坑的北部边缘，耸立着一座名为拉蒙的瞭望塔。塔是一座现代建筑，用来观赏拉蒙地坑的。站在塔上可以俯瞰拉蒙山谷的整个地形地貌，故而此塔成为观赏四周景色的绝佳之地。

在塔的身后是一个看似与世隔绝的小镇。1951年，来自罗马尼亚和北非的犹太移民建路工来到这里，为了生活的便利建立起营地，后发展成为一定居点社区。现在，这里已经发展成为一个小镇，继而变成了一个旅游景点，特别受到以色列城市居民和国际旅游者的青睐。想去红海和度假城市埃拉特的游客也会特别选择这条路线，在这里歇脚，以欣赏这里的壮阔景致。由于旅游业是小镇的重要经济来源，拉蒙镇开设了一个游客中心，那里有详细的徒步旅游路线图，有介绍当地地质情况的展览和电影，还有一个博物馆，里面展示了陨石坑地貌

拉蒙大峡谷

五　氤氲山峰特有的历史文化

拉蒙瞭望塔

内盖夫荒漠

的 3D 模型。

　　游客中心还新开设了一个展览区，专门介绍以色列的首位宇航员伊兰·拉蒙。2003 年，美国国家航空航天局的"哥伦比亚"号航天飞机在返回地球时爆炸，伊兰·拉蒙是罹难的七名宇航员之一。他本名叫伊兰·沃夫曼（Ilan Wolferman），后来出于对拉蒙谷的热爱，将自己的姓改为拉蒙（Ramon）。拉蒙谷地处沙漠之中，属于内盖夫高地的一部分。晚上，这里一片漆黑，只有天空璀璨的星星最明亮。人们虔诚地望着遥远的星空，遥寄对不幸离世的航天员的敬意。

　　自 20 世纪 50 年代以来，拉蒙山谷由于处在广袤荒无人烟的内盖夫地区，加上地形地貌的独特性，成为以色列空军一个天然且理想的训练场。站在地坑的边缘，会不时先看到以色列超音速战斗机或是俯冲而过，或是追逐而去，接下来才能听到飞机发出的震耳欲聋的轰鸣声。

六

港口——经济贸易的枢纽平台

以色列地作为一濒海地区和三大洲的结合部,自古以来就建有港口,用于运输、贸易和人员往来。漫长的沿地中海海岸线堪称理想的建港湾之地。千万年来,从遥远尼罗河顺流而下的泥沙不断冲刷着海滩,形成一大片一大片的沙滩。腓尼基人、希腊人、罗马人都曾经在这里建造过自己的港口。港口以及因港口发展起来的城镇是滨海沿线最吸人眼球的区域和人类落户生活的地方,也是以色列最引人注目的地理地标。

雅法港(Jaffa Port)是地中海一个非常古老的海港,也可以说是该地区最著名和历史最悠久的一个港口。它位于以色列地西部沿海海滨的古城雅法,有超过三千年文字记载的历史。港口本身在许多古代文献中就已被提及,例如希伯来圣经中的《约拿书》,以及历史学家约瑟夫斯描述犹太人历史和犹太人反抗罗马起义的历史著作。

雅法港坐落的雅法古城历史更是悠久,有人类居住的文物记录可以追溯到大约公元前7500年。从青铜时代开始,雅法因其天然的港湾地形而被人类所用。在公元前1440年的古埃及书信中就有提到雅法被图特摩斯三世所征服,古埃及统治雅法一直到大约公元前800年,在阿马尔奈文书中也有提及雅法的埃及名字。7000多年来,雅法港一直为人所用,早于穆斯林、基督徒、犹太人,甚至是埃及人的出现。

在希伯来圣经的《约拿书》中，雅法被称为"约帕"。该名字来自腓尼基语，是"美丽"的含义。公元前760年，上帝派遣先知约拿前往尼尼微，劝说当地人走正道，不要作恶。然而，约拿不想执行这一使命。他违背上帝的指示，从雅法港口登船出发，朝着相反的方向逃离。他打算乘船往一个叫他施（很可能是今日的西班牙）的地方去。然而，无处不在和无所不知的上帝决心不让约拿的计划得逞，在海上掀起巨浪，致使搭乘约拿的船在海上大幅度地左右晃动，随时都有倾覆的危险。水手十分惧怕，感觉到是船上有人干了坏事引起神的愤怒，于是"各人哀求自己的神"。而约拿则在舱底睡着了。在唤醒约拿之后，船上的人决定用掣签的方式，看看究竟是谁惹来这场灾祸，结果把约拿掣出来。至此，约拿才承认自己是希伯来人，是耶和华的敬拜者，当时正逃避上帝委派的任务，他请水手把他抛进海里。经过一番努力试图把船拢岸不果后，他们终于把约拿抛下海里，海浪顿时平息。不

18世纪末拿破仑曾在率领大军攻打中东时到过雅法，这是雅法广场上竖立的为游客指路的拿破仑像。　　　　　　　　　　　　　　　　　　　　　　　徐新　摄

过，上帝并没有完全抛弃约拿，而是"安排一条大鱼（鲸鱼）吞了约拿，约拿在鱼腹中三日三夜"。知道自己犯了违背上帝罪的约拿在鱼腹中恳求上帝说："我遭遇患难求告耶和华，你就应允我。我所许的愿，我必偿还，救恩出于耶和华。"（《约拿书》2:2）于是上帝吩咐鲸鱼把约拿吐到了岸上。现在雅法市的中心竖有一鲸鱼雕塑群，形象地描述《圣经》中记载的这一传说故事，成为雅法港的一景。

雅法港距离耶路撒冷约50公里地。在现代到来之前，这里历来是欧洲基督徒经海路到耶路撒冷朝圣之旅的第一站。历史上，不知有多少信徒漂洋过海，在雅法港登岸，然后前往圣城耶路撒冷朝圣。耸立在雅法最高处的圣彼得教堂实际上就是为了朝圣者建造的。单凭这一点，雅法港就从来没有中断其使用功能。

雅法港在大航海时期，与大马士革、贝鲁特一样是东地中海最重要的港口。19世纪末，在犹太人不断回归故土的大潮中，雅法港发挥过重要的作用，成千上万犹太人最先从雅法港登陆，抵达巴勒斯坦地

雅法港　徐新 摄

区。由于越来越多犹太移民在那里抵达并安顿下来,范围面积不大的雅法终于无法承受,变得拥挤不堪。移民者们不得不想其他出路,开始向城外搬,在雅法的郊区建造新的定居点。而这一过程就是现代以色列第二大城市特拉维夫市形成的起点。先长的眉毛终于敌不过后长的胡子。特拉维夫作为现代城市的风头很快盖过雅法,体量和人口远远超过后者。特拉维夫成为地区人人皆知的城市。雅法也终于在1949年与位于其北侧的特拉维夫合并,合称"特拉维夫－雅法市",这是后话。

1917年第一次世界大战中,阿伦比将军率领英军击败了奥斯曼帝国并占领了雅法港,雅法成为英国托管巴勒斯坦(1922年—1948年)的一部分。1947年—1948年,阿拉伯人占多数的雅法和毗邻的犹太城市特拉维夫之间爆发激烈的冲突。1948年5月13日(以色列宣布建国前一天),雅法的阿拉伯部队被犹太复国主义武装组织哈加纳和伊尔贡部队击败,城中的阿拉伯人外逃,雅法也成了犹太人为多数的城市。

随着现代航运业的发展,古老的雅法港已经无法承担现代航运的使命。它那历史悠久的码头是无法停靠大型船只的,随着一个现代化的大港在北部海法的启用,雅法港已经不再是连接世界其他国家的一个港口。不过,它仍然作为一个小渔港为当地居民使用。现在港口还保存着当年的样子,古老的灯塔仍然坐落在港口上,屹立在老城中。尽管如此,仍可以感受到雅法港曾经有过的悠长历史。雅法港目前已经在总体上改造成为以色列的一处旅游休闲区,港口中停泊着游艇。岸上则以特色餐馆和咖啡馆闻名遐迩。

阿卡港(the Port of Acre 或 Akko)是位于以色列北部的古老城市阿卡(亦称阿克)的港口。阿卡是世界上最古老的城市之一,自腓尼基时代起,就一直有人类居住在这里,据文献记载已经有5000多年的历史了。在历史上,阿卡曾受埃及人、罗马人、波斯人和阿拉伯人的统治,在腓尼基人统治时期曾改名为托勒密。阿卡为生活在那里的迦南人的一个部落所建,后来逐渐发展成为从地中海东岸通往西亚内陆的重要商业口岸。第一次十字军东征建立耶路撒冷王国后,十字军

六　港口——经济贸易的枢纽平台

阿卡古城

开始进攻阿卡。阿卡于1104年被十字军占领，旋即成为十字军在巴勒斯坦的主要港口。到1130年代，阿卡人口约有2.5万人，当时耶路撒冷王国境内只有耶路撒冷城的规模可与阿卡相比。

阿卡几乎完好地保存了1000年前十字军时代的城堡、清真寺、商栈和土耳其浴室等建筑和古城垣、客栈等古老遗迹。城市中十字军的遗址可以追溯到1104到1291年，且保存完好，生动再现了中世纪耶路撒冷十字军王国的城市规划和城市结构。

18世纪末，拿破仑率部来到以色列地，曾在被其军队包围的阿卡城墙外停留过。由于城垣牢固，久攻不下，后只得放弃转攻雅法。英国陆军元帅艾伦比于1918年率军打败了土耳其守军，占领了阿卡港湾，统治它长达400年的奥斯曼帝国终于轰然倒下。

当然，今天人们看到的阿卡城主要是奥斯曼土耳其人在18世纪到19世纪之间建立发展的，拥有保存完好的城堡、清真寺、商栈和土耳其浴室等建筑。站在阿卡高高的古城墙上，可以看到城中处处是历史陈迹。市内十几座古清真寺，最宏伟的当属贾扎尔清真寺。据说，清真寺内还珍藏着先知穆罕默德的胡须。阿卜杜拉帕夏的宫苑和巴哈教派创始人巴哈乌拉的陵墓都具有典型的伊斯兰建筑风格。因此，阿卡是一个以色列境内伊斯兰风格十分突出的海滨城市，拥有众多得天独厚的旅游资源。2008年，阿卡与海法的巴哈伊信仰的相关地点被列入世界遗产名录。

尽管历史上阿卡港是从地中海海岸通往西亚内陆的重要港口，而且在1948年以前，一直是以色列北部地区的主要港口，不过港阜因淤塞逐渐不适合靠泊大型现代船只。今天阿卡港与雅法港一样也为海法港所取代，彻底丧失国际港口的地位。其港湾亦因淤塞只能用于当地人出海打鱼和民众停泊私人游艇。

特拉维夫港（Port of Tel Aviv）是20世纪20年代犹太人在新兴城市特拉维夫建造的一座港口，它距雅法港的实际距离不足40公里。从理论上来说，完全没有必要建造此港。之所以建造是因为当时生活在雅法的阿拉伯人拒绝让生活在特拉维夫的犹太人使用雅法港，犹太人迫不得已只能在刚刚发展起来的新城特拉维夫北部的海滨建造一座属于自己的港口，以解决城市货物和人员运输问题。以色列国建立后，特别是海法港的规模和功能扩大后，夹在雅法和海法之间的特拉维夫港日显多余，终于被弃用。

进入21世纪后，特拉维夫市政府对遭弃用的港口设施进行了彻底的改造，将其打造成特色商业和休闲中心。其中一部分改造成了巨

停泊私人游艇的阿卡港

大的农贸市场，出售各种农产品；另外一部分建成了商业区，开设各种商店，有世界名牌店，更多的是以色列地方商店，成为人们逛街购物的好去处；还有一部分则改造成为餐饮区和游乐区。餐饮区内，从高档餐馆到小吃摊，应有尽有，为不同层次、不同需要的人提供服务。游乐区则成为人们轮滑、骑单车、打球，甚至观赏地中海日落的最佳场所。

　　海法港（Port of Ḥeifa）坐落在海法湾，是以色列北部一座现代港口，也是以色列最大、最繁忙的港口。海法港依托的城市是以色列的第三大城市海法，仅次于耶路撒冷和特拉维夫。该市面积为 60 平方千米，市内人口超过 30 万，都市辖区人口达到 100 余万。海法市是以色列北部的交通和工业中心、地中海沿岸的铁路枢纽，在国际航运版图中占有重要地位。

　　海法首现于公元 3 世纪的塔木德文献，是当时罗马帝国管辖下的一个犹太人小镇 Shikmona，也是当时这一地区的主要犹太城镇。城市西濒地中海，背倚迦密山。陆地与地中海之间形成海法湾，该海湾从史前时代人类航海技术有记载后便被提及，是地中海海面不稳时的避

海法港

难水域。在十字军于公元 1100 年占领海法后,海法湾开始被开发成港阜,一度成为以色列地北部加利利地区的主要港口,但是在马木路克时代遭荒废。

20 世纪初,由于犹太人从世界各地大量涌入巴勒斯坦地区,人口增长迅猛。出于社会发展之需,海法建立了汉志铁路和以色列理工学院等。海法成为工业港口城市。随着市政的完善,人口亦不断增长。1918 年,英国从奥斯曼帝国手中夺得海法。在 1920 年至 1948 年之间,以色列为英国托管地。为了发展经济,英国将海法规划为东石油管线的终点,开始大力兴建炼油设施,并在那里修建了一座现代化港口,1933 年 10 月 31 日海法开港。

得天独厚的地理位置(北距贝鲁特港约 137 公里,西北距累梅索斯港约 272 公里,南至阿什杜德港约 124 公里,至塞得港约 301 公里),加上优越的地质条件,让海法港很快发展成为巴勒斯坦地区最大的现代化港口。海法港目前有货物码头、客运码头、渔业码头、游艇区、化学码头等区块,港内有铁路设站,可直接以铁运方式将卸货物资输送到以色列国内其他地区。

海法港是一座全年运营的天然深水港,提供客运和贸易服务,港口由新老港区组成。老港区在东部海湾东南角,即基肖河港区,凹入内陆,外有短防波堤保护,内有一条小河由此出海,有内港(即基肖港池)之分。外港池东岸即自由港区,西岸是滚装船码头,沿边水深 8.5 米,有货物和化工等码头线总长 985 米。新港区向西北岸推进,位于海湾西南岸,由西部陆岸向东伸展的防波堤保护,港内基本上是顺岸码头,仅中部有 2 条突堤北伸,其东还有一短防波堤向北伸展,与西防波堤合抱形成西港区。西港区有顺岸码头总长 1520 米,其中 1240 米为沿边水深 8.6~11.0 米,用于集装箱(有两个泊位)、杂货、谷物、旅客等。西港区东部的石油突堤码头线 350 米,水深 10 米(港湾内还有三个海上油泊,水深 15.8~17.7 米);货物突堤 2 个泊位,分别长 205 米和 107 米,水深 6.8 米。80 年代中,西港区与东部老港之间新建的中港区,有三个集装箱、滚装船泊位,码头线总长 600 米,其中集装箱码头 420 米,水深 12~13 米。码头上配有 2 台 35 吨装卸桥,后期可能再增加 2 台，码头面积 30 公顷，为以色列第一吞吐港。

作为以色列三大国际港口（另外两座是阿什杜德港和埃拉特港）中最大的港口。海法港是一座全年运营的天然深水港，提供客运和贸易服务。每年经手转运的货物至少有 2900 万吨，海法港约有 1000 位员工营运，如有邮轮靠岸时，相关的接待服务人数将会有 5000 人。

不断发展的海法港还成为中国和以色列在港口建设方面最大的合作项目。2016 年，中国上港集团响应"一带一路"倡议，获得了海法新港码头建设和运营权。港口扩建建设工程——自动化集装箱港口于 2018 年正式启动。项目计划分两期建设，目前一期工程已建成，一期码头岸线长度 805.5 米，年设计吞吐量为 106 万标准箱。二期码头岸线长度 715.7 米，年设计吞吐量为 80 万标准箱。上港集团专门设立的以色列公司负责项目码头后方陆域的地基处理、上层建筑施工、设备配置等投资建设，并在开港后全面负责运营管理。2021 年海法新港项目的建成投产，让海法有了更为优质高效的货物进出口基础设施，海法港从此一跃成为以色列最大的货柜中心和中欧重要的贸易枢纽。

该港属亚热带地中海式气候，盛行西—西北风。年平均气温 10℃~31℃，最高曾达 44℃，最低为 3℃。全年平均降雨量约 600 毫米，集中在 12 月至次年 2 月。平均潮高：高潮为 0.6 米，低潮为 0.1 米。这样的气候对港口操作生产显然是极为有利的。

以色列最大的几家大型石油化工企业和最大的科技工业中心 - 现代工业园区均设在海法市，主要工业有化学药剂、橡胶制品、军火、电缆、电气设备、无线电、建筑材料、纺织与食品等。海港为工业园区提供了便捷的运输服务。

埃拉特港（Port of Eilat）位于以色列最南部城市埃拉特，是以色列唯一经红海可以进入印度洋以及远东地区的港口。历史上，埃拉特作为巴勒斯坦地区的一座城镇在十字军东征时期发挥了重要作用。第一位十字军国王鲍德温一世很快便意识到控制穆斯林驼队去麦加商路的埃拉特所具有的战略位置的重要性，他在城中靠近埃拉特湾的西部沿海小岛（今日的珊瑚岛）建立了防御工事。十字军王国建立后，埃及与叙利亚之间的通道基本中断。这样埃拉特湾北端就成为穆斯林主要国家之间的唯一联系通道。因此，与控制具有经济重要性的小城镇相比，控制埃拉特的重要性显然要大得多。埃拉特战略上的重要性使得它能为阿拉瓦通往埃拉特港沿线的定居点提供生活补给。

出于与东非和远东地区发展关系和贸易往来的考量，以色列国成立后特别重视对亚喀巴湾（以色列习惯称之为埃拉特湾）的开发。尽管它远离以色列核心区域，但一座崭新的城市——现代埃拉特，还是快速发展起来。对于埃拉特而言，城市的经济支柱就是港口。以色列太需要一个能够为以色列与东非和远东的贸易往来服务的现代化港口了。埃拉特港得以快速持续发展，也是以色列和埃及两国多年中相互敌视的结果。由于两国处于敌对状态，埃及宣布自己掌控的苏伊士运河在20世纪50—70年代不对以色列船只开放，致使以色列的船只无法在苏伊士运河投入使用，与东非和远东地区的商业联系只能依赖埃拉特港。

埃拉特港建在阿拉伯谷地南端、亚喀巴湾北端属于以色列的长仅11公里的狭窄低平海岸上，港区设有大炼油厂，并有油管分别通往地中海沿岸的阿什克伦与海法。阿拉伯谷地中的提姆纳铜矿属该市经济的一部分。

亚喀巴湾水深浪平，海水如蓝宝石般晶莹而深邃。由于赤道暖流和海风的影响，亚喀巴湾即使在冬季平均水温也在15℃以上，适宜开展各种水上运动。

埃拉特港区景色优美，已经成为以色列地具有吸引力的旅游目的地。湾内健康而璀璨的珊瑚礁呈现出瑰丽的色彩，五色斑斓的游鱼点缀其间，有可爱的小丑鱼、毕加索老虎鱼和鹦嘴鱼，也有貌似凶悍其实却以浮游生物为食的鲸鲨，还有一种生活在海藻中神出鬼没的鳗鱼。乘坐玻璃底小船观赏海底世界，或在珊瑚间与鱼共舞，是游客的优先选项。埃拉特港区冬季气候温暖，海滩、珊瑚礁与附近埃拉特山景色优美，不仅吸引大批国际游客，而且吸引越来越多的以色列人前往度假，特别是每年的逾越节更是人满为患，酒店的床位一张难求，从而进一步促进了港口经济的发展。

阿什杜德港（Port of Ashdod）是以色列南部新建城市阿什杜德的

六　港口——经济贸易的枢纽平台

海底珊瑚礁群馆

海洋馆中的亚马逊小屋

港口,濒临地中海,位于以色列沿海平原的南部。阿什杜德港的建造得益于以色列社会的发展。1956年5月1日,随着国家经济的发展,以色列政府批准建立阿什杜德市,阿什杜德有限公司在该年年底成立。1956年11月,第一批移民——来自摩洛哥的22个移民家庭来到这里,随后,一群来自埃及的移民加入他们行列。1957年7月,以色列政府拨出距离特拉维夫约32公里的24平方千米土地予阿什杜德有限公司建设现代城市。1958年,阿什科A座发电厂建成,为城市工业项目的建设提供了稳定电源。阿什杜德港的建设开始于1961年4月,1965年11月建成并投入使用,迎接第一艘货船。

阿什杜德港现在已经发展成为以色列的第二大港口,港口的扩建在不断地进行,主要用于集装箱、杂货以及散货进出口的码头泊位成为工程的重点。

阿什杜德港由两条防波堤环抱,一条长2200米,另一条长900米。港区主要码头泊位有8个,岸线长1370米,最大水深为12米,其中包括集装箱和滚装泊位。装卸设备有各种岸吊、抓斗吊、浮吊、集装箱吊、铲车及滚装设施等,其中浮吊最大起重能力达80吨。码头有转运货栈4万平方米,露天货栈2万平方米,露天堆场面积达18.4万平方米。本港主要进出口特拉维夫—雅法的外贸物资,还出口附近地区的农产品和内地矿产品。

阿什杜德港现有通往上海、宁波、盐田、香港、基隆、纽约、迈阿密、瓦伦西亚、日内瓦等地的航线。阿什杜德港货物仓储区面积达50万平方米,同时拥有先进的立体仓储技术,并设农产品、危化品等专用存储仓库。1975年以色列和埃及政府签订协议,开放阿什杜德港作为游船停泊口岸。该港现已成为以色列最重要的游船停泊口岸,2010年进出港旅客29.1万人。另外,阿什杜德港拟与武汉新港结为友好港口。

2010年后,阿什杜德港开始与中国企业合作。2014年9月1日,项目正式开工。开工伊始,开敞式深海碎石桩施工就成了中国合作者——中国交通二航局建设者面临的最大技术难题。碎石桩软基处理即防波堤建设是该项目的关键工程。中国企业首次在发达国家采用高标准的欧美标准体系承建港口码头项目。该项目具有结构形式多样、开敞式海域中长周期波浪影响严重、地质条件复杂、施工标准及质量要求高等特点，在充分的专题研究和技术准备基础上，成功研发多项创新施工技术和装备并应用到现场，解决了开敞海域中长周期波浪条件下的筑港关键问题，可供同类工程项目参考。

阿什杜德港是"一带一路"中的大型基建合作标杆项目，被誉为"以色列七大奇迹"之一。中交二航局自主研发的海上碎石桩施工专用顶升平台系统，成为项目建设的制胜法宝。这是近年来中国技术频频闪耀世界的又一个亮点。在可预见的未来，两国企业的合作会进一步加强，推进中以创新全面合作伙伴关系更上一层楼。

七

国家公园——探寻尘封的历史

国家公园（National Park）是一种现代概念，通常指为保留特殊的自然部分而划定的区域，由政府所拥有和管理。国家公园的入选标准包括自然风光、独特的地质地貌、不同寻常的生态系统、人们在此娱乐休闲的可行性，或根据历史或考古学方面的意义来选择地点区域。中国《辞海》对国家公园的解释是：一国政府对某些在天然状态下具有独特代表性的自然环境区划出一定范围而建立的公园，属国家所有并由国家直接管辖，旨在保护自然生态系统和自然地貌的原始状态，同时又作为科学研究、科学普及教育和供公众旅游娱乐、了解和欣赏大自然神奇景观的场所。

以色列是世界上较早设立国家公园的国家，不过，由于以色列历史悠久，具有众多文化遗址及有价值的历史古迹，且考古事业发达，不断发掘出有重要价值和历史意义的遗址，因此，以色列设立国家公园的考量重点放在具有重要史前遗迹、史后文化遗址及有价值的历史古迹方面。

以色列管理国家公园的政府机构为"自然和公园管理局（Israel Nature and Parks Authority）"，负责发布认定和宣布设立新的国家公园信息。目前以色列已经宣布建立数十座国家公园，实施建设、保护、利用等各种措施，为民众提供休闲、娱乐的场所以及了解和欣赏包括自然风光、独特的地质地貌、不同寻常的生态系统、历史事件和文化传统的平台。

由于以色列国土面积不大，加上国家公园数量多，国家公园一经设立往往立即成为该地区的坐标，国家公园则成为一种十分普遍的民众休闲活动场所。

以色列权威机构颁布的顶级国家公园有：马萨达国家公园、凯撒利亚国家公园、库姆兰国家公园、贝特谢安国家公园、米吉多国家公园等。

马萨达国家公园（Masada National Park）是位于以色列东部大峡谷区域的一处国家公园，主要由马萨达要塞构成，是较早设立的一座国家公园。

马萨达要塞位于犹地亚沙漠东侧，临近死海海岸，在恩戈地与索多玛之间的一座岩石山顶上。它的底部西接本雅尔谷底，东南毗邻马萨达谷。马萨达要塞巍然耸立在死海的一座岩石山顶上，所在的山体无疑是犹地亚沙漠中令人印象最深的景象之一。尽管马萨达顶部高度只是近海拔100米，然而，由于它的底部高度低得多，接近地球上陆地最低点的死海水平，从而形成超过400米的惊人落差，给人一种挺拔陡峭的视觉印象。经测量，马萨达的东侧悬崖高约450米，从山顶直下死海之滨，西侧悬崖高约100米。

就地理学而言，马萨达坐落的地带属于"地垒"地貌，由东非大裂谷持续移动所带来的压力推高岩石形成崖壁陡峭的高原，这显然是构筑天然要塞的完美条件，而在希伯来语中马萨达的意思就是"要塞"。而且马萨达顶部的形状像钻石，有600米长，几乎不需要进一步修筑任何防御工事就有险可守。

马萨达最早的考古证据可以回溯到石器时代晚期，即石器与铜器并存时代，大约在公元前4000年。尽管沙漠环境恶劣且死海地区相对与世隔绝，证据却显示直至公元6到7世纪前的1000年里马萨达都曾有人居住。不过，在那里大兴土木，在马萨达上建造宫殿一事，应该归功于犹太国王希律王（公元前37年至公元前4年在位），是他在公元前最后一个世纪建造了马萨达城堡。

马萨达城堡工程浩大。希律王在上面建造了两座宏伟的殿。建在北部边缘的殿是高大主殿，有若干个房间，一个中央大厅以及一个可以俯瞰沙漠山谷和下面死海的半圆形平台。建在西部的殿有一座围绕着蓄水池的庭院。马萨达城堡的中部建造了29座巨大的仓库和各种店铺，包括有净礼池设施的公共浴室、游泳池、犹太会堂等，以满足这个要塞的所有需求。同时，希律王还在马萨达的山顶上建造了国家中最坚固的要塞，并在那里派驻了一个卫戍部队。

希律王在建造马萨达城堡工程中所做的革命性创新是供水系统，把他那个时代以及之前世纪里已经用于沙漠前哨和社区的蓄水方法以更大的规模实施。为了克服每年降水不足50毫米的恶劣沙漠环境，他设法从西部河谷里鲜见的洪水中获取水源。那些河谷每年只会有3到5次洪水（在那里，由于没有任何植被和土壤层，只要一有降水，就可能形成洪水）。只需几个小时这些洪水就能灌满12座巨大的蓄水池，加上最大限度地利用山顶本身的降雨，短时间内就能够收集到维持几个游泳池、一所配备齐全的罗马浴室以及一些花园和种植园所需的用水。学者们估计，在需要的情况下，希律王可以在马萨达很轻松地固守好几年。

公元66年巴勒斯坦地区爆发的反抗罗马人的第一次犹太起义没有能够取得胜利，到公元70年，罗马人攻陷了耶路撒冷，放火烧毁了第二圣殿。在罗马人摧毁第二圣殿之际，犹太历史上发生了两个重大事件：一是马萨达的抵抗，二是贾布奈的变革。决心抵抗的犹太人在圣贤以利亚撒拉比的带领下退守马萨达。依靠天险和意志，包括许多妇女和儿童在内的960名起义者在马萨达城堡上坚守。

罗马统治者为了彻底扑灭这次起义，派了达8000人的罗马军团前来围困和攻打马萨达。近千名犹太将士及其家人在耶路撒冷失陷后，退守死海西岸的马萨达要塞，在那里坚守了三年时间。最后，在寡不敌众的情况下集体自杀，壮烈牺牲。由于马萨达抵抗是犹太历史上少有的一次抵抗，再加上惨烈的结局，马萨达的英勇抵抗成为犹太民族"宁死不愿做奴隶"英雄气概的象征，是一场完全值得在犹太史上大书特书的起义，历来为人们所崇敬。马萨达的沦陷标志着第一次犹太战争的结束和彻底失败。

此后的几个世纪,马萨达一直无人居住。公元 5 世纪,拜占庭时期,一群被称为罗拉的修道士来到马萨达,在上面建造了一座封闭的修道院。两个世纪后,随着伊斯兰教控制了该地区,该遗址再次被遗弃。在随后的 13 个世纪,该地区一直无人居住,直到 1828 年,学者们重新发现了马萨达。

参加过 1948—1949 年以色列独立战争的两位热心学者对马萨达山进行的发掘,使马萨达成为以色列民族意识的中心和民族自豪感的象征。20 世纪 50 年代对以色列马萨达进行发掘的第一人是古特曼(Shmaryahu Gutman),他发现了罗马营地并对马萨达山进行了勘察,古特曼的考古发掘确认此处就是历史上记载的马萨达。自那时起,马萨达就成为犹太复国主义朝圣中心,而起义者抵抗罗马人的故事也成为新生以色列国的主要传奇英雄事迹。

20 世纪 60 年代,亚丁(Yadin)领导了对马萨达地区的全面发掘,发现了宫殿、马赛克镶嵌画、仓库、浴室和犹太会堂等一系列古迹。不过,对他而言,最重要的发现是一堆破碎的陶器,上面带有那些信仰者家人的名字,其中一块陶片上标有以利亚撒(El'azar Ben-Yair)的姓,之前人们仅从历史典籍中了解这一姓氏。这要感谢一世纪时将军出身的犹太历史学家约瑟夫斯,是他的著作记录了发生在马萨达的一切以及领导人的名字。亚丁先前是以色列国防军的二把手,为保卫新生的以色列国做出过巨大贡献。当他发现自己手里的一块陶器碎片上面书写着马萨达抵抗力量指

登顶的缆车索道　徐新　摄

马萨达的登山"蛇道"　徐新 摄

挥官手题的名字时,其激动的心情是抑制不住的。

在以色列国成立后,马萨达成为爱国主义教育基地。每年新兵入伍都会来到那里,宣誓:"永不让马萨达再次陷落!"

1966年,以色列自然和公园管理局宣布该地区为国家公园。原先有两条登山小路，呈"之"型，人称"蛇道"。考虑到那里的气候炎热干燥，登山绝对不是一件轻松的事情。1977年，公园管理处为了方便日益增多来此参观的游客，修建了一条缆车索道，使得登顶成为一件轻而易举的事。当然，步行登山的喜悦和感受也就不再。正因如此，每天仍然有数以百计的参观者选择通过"蛇道"登顶。

现在，每年都有成千上万的海内外人士来到马萨达国家公园，或是凭吊，或是运动游览，或是接受历史文化教育。

凯撒利亚国家公园（Caesarea National Park）位于特拉维夫以北50公里处，濒临地中海，是基于对古城凯撒利亚一系列考古发掘后设立起来的国家公园。

凯撒利亚国家公园的核心部分是凯撒利亚古城。该城曾是以色列在地中海最大的港口，是罗马帝国时期的犹太君主希律王于2000年前（公元前20年）花费十二年时间建造起来的一座城池。希律王之所以选中这个特别的地方，是因为它的地形适合建造优良的港口。这里的

凯撒利亚古城遗址部分　徐新　摄

凯撒利亚古城遗址部分　徐新 摄

建筑集合了罗马和希腊的风格，极尽奢华和宏伟。再加上面向湛蓝色的地中海和明媚的阳光这样极佳的地理位置，建成的古城风光优美而壮观。希律王作为一位由罗马人任命的犹太王，为讨好罗马统治者，特意将新建造的城市命名为凯撒利亚（凯撒利亚意为"罗马皇帝之城"），作为礼物献给罗马当朝皇帝尤里乌斯·凯撒。

古城凯撒利亚的设计构思精妙绝伦，它是在一片沙滩上建造了码头、宫殿、圆形剧场、公共浴室、跑马场、城墙等城市设施，而且规模宏大。

几十年后，凯撒利亚成为以色列地罗马当局的所在地。该城还是犹太人和基督徒之间爆发了一场争端的地方，这一争端是导致第二圣殿被毁的那场犹太人起义（公元67年—70年）的最初导火线。在巴尔·科赫巴起义期间（公元130年—135年），凯撒利亚成为罗马统治以色列的中心之一。

随着基督教的传播，凯撒利亚成为一个主教辖区。在拜占庭时期，凯撒利亚主教区一跃成为以色列地的中央（大都市）主教区。此时的凯撒利亚无论在规模上，还是在繁荣程度上，都达到了历史的最高点，其城墙可以证明这一点。

公元639年凯撒利亚被阿拉伯人占领，1101年又落入十字军之手，1254年法国国王路易九世在这里构筑工事，修建了十字军城堡。其后几经战乱和地震，凯撒利亚古城的大部分建筑损毁和沉入海底。19世纪末，回归巴勒斯坦的犹太人开始对凯撒利亚进行考古发掘工作，希律王建造的古城和十字军堡垒得以重见天日,并辟为以色列国家公园。

经过100年不间断的考古发掘,古城凯撒利亚当年的雄姿已经完全展现在世人的眼前,如希律王建造的古码头、罗马宫殿、圆形剧场、公共浴室、跑马场、古城墙,以及成片的住宅区遗址。在它的旁边还保存着当年将远处迦密山优质泉水输送到宫殿的罗马输水高架渠。

今天位于以色列第二大城市特拉维夫和第三大城市海法之间的凯撒利亚国家公园正在以全新的状态迎接世人的到来,成为巴勒斯坦一处地标式公园。

库姆兰国家公园(Qumran National Park)是在位于死海附近库姆兰地区的考古遗址上设立的国家公园。严格来说,该国家公园由两部分组成:藏匿经文古卷(现通称《死海古卷》(Dead Sea Scrolls))的数十个隐秘洞穴,以及公元纪年前后生活在那里的一个犹太社团(现通称库姆兰社团Qumran community)遗址。地理位置在东非大峡谷约旦河南段,公园面朝死海,背靠"海特基姆悬崖"(Haetekim Cliffs),景色不谓不独特。作为一处曾经人迹罕至、荒野干旱地区,历史遗迹通常会留存久远。

库姆兰国家公园作为考古遗址,其考古发现被认为是20世纪最重要的考古成就。成就体现在这样两方面:一是海量经文抄件的发现印证了《圣经》作为犹太和基督教第一典籍的可靠性;二是帮助人们了解世界第一大信仰——基督教的起源。

数以万页的《死海古卷》文献的发现印证了《圣经》经文的可靠性,以及流传下来的内容篇目和抄录传递的准确性。死海古卷是目前留存下来最古老的希伯来圣经抄本,除了《以斯帖记》以外的希伯来圣经全部书卷内容都能在死海古卷中找到。而这些文献均产生于2000年前,其他古老文明都无法做到这一点,这不能不算是一种奇迹。

《死海古卷》文献的发现充满了偶然性和巧合。该发现发生在1947年,一个贝都因牧童在寻找一只走丢山羊时拐错了弯,来到一个山洞口。由于洞内光线太暗,无法看到洞里是否有自己的羊,他便向山洞深处扔了一块石头。谁知没有羊跑出来,却听到了陶罐被砸破的声音。该牧童好奇地走进山洞,发现被砸碎的陶罐旁有一堆古代羊皮手稿卷。尽管不知为何物,他还是捡了一些带回家,他的家人便拿到伯利恒的市场上去卖。由于没有人知道这些羊皮手稿卷究竟是何物，它们辗转于众多古董商之手，直至转到英国古典学家以利亚撒·苏克尼克（Eleazar Sukenik）教授的手里，并于1948年经美国东方研究学院和耶鲁大学近东语言研究院院长Burrows博士查核，其真实的身份方被破解，真正的价值亦才被认识。《死海古卷》开始名扬天下。

1952年至1956年期间，以色列政府在库姆兰地区开始了有组织的挖掘。在该地区干燥气候的保护下，古卷保存得很好。十年间，考古专业人员陆续在11座洞穴里挖掘出装有古卷的陶罐，共找到约四万个书卷或书卷残篇。2017年，考古学家宣布发现第12座洞穴，其中的陶罐曾经用来装古卷。在挖掘古卷的过程中，发现了许多保存至今的建筑遗址群，以及一个大约有1200座坟墓的大墓地。不过，最受世人瞩目的发现仍然是古卷，毫无疑问，这成为20世纪世界最重大的考古发现。

这些古卷的特别之处在哪里呢？

首先是这些文献的特殊身份。它们是留存下来最早的希伯来语手稿。其次是发现的《以赛亚书》（Book of Isaiah）、讲述隐藏宝藏的《铜卷》（Copper Scroll）、《感恩诗》（Hodayota）和《光明之子与黑暗之子的战争》（War of the Sons of Light Against the Sons of Darkness）等都是完整的经文内容，而不是残页片段。这对于审视流传至今的《希伯来圣经》的真实性和可靠性都大有裨益。如今，发现的所有古卷都保存在死海古卷博物馆（耶路撒冷以色列博物馆的一个展馆）。再次，大量保存得很好的古卷使研究人员能够更全面地了解这个时期，帮助人们了解耶稣在地上传道时，犹太人过着怎样的生活。

《死海古卷》被发现后，由于人们普遍认为必须是精通古希伯来语和亚兰文的专家才能阅读，而且有2000年历史的羊皮古卷本身质地已经十分脆弱，故一直秘而不宣，没有刊布。到了1990年代，由于新技术的运用，一直被神秘传闻色彩笼罩的《死海古卷》终于全部印行，供世人自由查证。有鉴于此，国际学界对死海古卷的全面分析也终于全面铺开，大量的研究书籍陆续出版。而随着死海古卷的发现和校勘工作的展开，旧约圣经的准确性得到了肯定。

保存《死海古卷》的耶路撒冷以色列博物馆（内景）

在发掘《死海古卷》的过程中，2000年前生活在该地区的库姆兰社团开始逐步被人们认识。经过挖掘，发现了许多保存至今但实际上属于库姆兰社团的建筑群，以及一个大约有1200座坟墓的大墓地，这一切表明历史上有相当数量的人在那里生活。发掘出的大量遗迹可以证明生活在那里的人有与众不同的生活方式，比如出土的会议室、共享餐厅、工作间和学习室。由于处在"粘土炊具"间隔壁而被确认为"食堂"的一个房间，从房间的大小和长方形状判断，类似于第二圣殿时代晚期时典型的学经堂（Beit Midrash）。在大部分社区里，这种房间被定义为"犹太会堂"（Beit Knesset），用于所有社区聚集及学校教学，只在婚宴上才会被用作餐厅。库姆兰显然缺少了一种建筑类型，这里的所有建筑物均是社群型建筑，没有发现任何住宅类型的建筑，这很可能暗示他们居住在洞穴中、帐篷里或在现场周围的椰枣树下。各种房间和窑洞显示出这里的居民以农业为生，制造自用的工具、水壶和水罐，加工当地种植产物（例如椰枣蜜），现场发掘出10万多粒枣核。人们把这一犹太群体定义为"库姆兰社团"。

研究发现，这一神秘的库姆兰社团群体就是第二圣殿后期的艾赛

考古发掘出的库姆兰社团遗址

尼派，他们将个人沉浸和净化视为一种重要的仪式。在库姆兰社区可以找到许多净礼池的残骸，远远超过在其他社区发现的数量，这表明他们过着朴素甚至禁欲的生活，蔑视腐败和物质财富，信奉相互分享的生活，是受过高等教育的人，他们一天的大部分时间都用来学习和抄写经文。

许多研究证据表明，居住在这里的艾赛尼派和基督教的创始人之间有着密切的联系。艾赛尼派的生活方式与早期的基督教徒非常相似，他们信仰的主要信条也相近——朴素、知足、分享。耶稣著名的布道之一八福（登山宝训）与库姆兰古卷中的布道非常相似。保罗，耶稣的两位资深使徒之一，也

库姆兰博物馆模拟场景——死海古卷存放点　　　　　　　徐新 摄

引用了新约中一个关于光明之子与黑暗之子的章节。库姆兰人——艾赛尼派——当然是光明之子。此外，施洗约翰曾在约旦河的卡斯尔雅胡德为耶稣施洗，那里离库姆兰很近。因此，人们可以前往库姆兰国家公园感受早期的基督教，须知那时的基督教尚未脱离犹太教，尚未迈出成为独立教派的第一步。

死海古卷的发掘地点距离库姆兰社区的建筑场所非常接近，表明了其与这里的居民及社区生活关系紧密。

公元68年或稍后，一个独特、生气勃勃的库姆兰社团被来到巴勒斯坦地区镇压犹太起义的罗马军团摧毁。库姆兰国家公园的设立使得库姆兰社团的历史重见天日，成为人们了解历史和接受传统文化教育的一个场所。

今天，在库姆兰国家公园的入口处，有一个小放映室，参观者可以在那里观看有关库姆兰历史的电影。从那里继续前行，便来到一个小博物馆，里面陈列了这个景点的一些发现，并展示了艾赛尼派的生活方式。参观完博物馆后，还可以游览这里的考古遗迹。从某个角度，可以看到4号洞穴，即发现大部分古卷的著名洞穴。在博物馆的每一处，参观者都可以了解到此地戏剧性历史的另一个篇章。

贝特谢安国家公园（Beit She'an National Park）是以色列最大的考古遗址之一。它拥有一座修复后可容纳7000人的罗马剧院、希腊柱廊街道、角斗士圆形剧场、拜占庭式澡堂和集市、罗马和希腊神庙以及一个撒马利亚犹太教堂。

台尔米吉多国家公园（Tel Megiddo）是基于历史古城米吉多的遗迹设立的一座国家公园。古城米吉多在公元前3000年就已经是以色列地一座著名的城市了。"米吉多"的希伯来文的含义是集合地点或军队的集结。

地理上，它是非洲和亚洲大陆陆地的连接部，是连贯两洲军事与贸易路线的要冲，位于北部加利利区内，黎巴嫩西北山脉之间的宽阔谷地。米吉多被山环绕，分别有迦密山、撒马利亚山、加利利山、他泊山等。在米吉多平原南边的是耶斯列谷，被视为是下加利利的一个重要古十字路口。公元前2000年时，米吉多成为埃及统治迦南的中心。

古城米吉多遗址

稍后大卫国王征服了米吉多,这座城市在他儿子所罗门王的统治下繁荣起来。所罗门时代的遗留物最多,包括所罗门大门、望台和马厩,以及宏伟的供水系统。

米吉多还是以色列地历史上一处古战场,有着漫长而血腥的战争史,根据基督教《圣经》,米吉多被认为是世界末日的战场。因此,城市屡建屡毁,屡毁屡建。现今人们能够看到的米吉多遗存实际上是一座可俯瞰山谷、高达约21米的台尔(Tel,含义为小山丘)。考古发掘发现该小山丘实际上是由26层古代城市废墟组成,间接表明米吉多城在历史上起码被毁过26次。发掘工作发现了过去的线索,包括青铜时代中期的迦南皇家陵墓,以及令人惊讶的来自3600年前埋葬地点的香草瓶残留物。当然,还有所罗门时代遗留下来的所罗门大门、望台和马厩,马厩的发现证实了《圣经》中描绘的所罗门王对马匹的偏爱。

台尔米吉多国家公园自设立以来,一直受到民众的爱戴,参观者络绎不绝。现在在公园内建造起来的米吉多博物馆提供了视听展示和现场的亮点模型,使得公园呈现一种美轮美奂的气象。

结语

重整河山　旧貌换新颜

一百年来，由于犹太复国主义运动确立的重建犹太人历史家园的目标，以及犹太人返乡回归垦殖运动的实际展开，以色列地这块拥有超过四千年文明史的土地焕发出新的活力。从地理的角度解读，回归故土的犹太人重建家园的过程实际上是一场"重整河山"运动。

尽管《圣经》将以色列地描绘为是一块"流着奶和蜜的土地"，然而到了19世纪末，由于奥斯曼帝国四百多年的腐朽统治，以色列地早已成为一个荒凉之所，一个被人忽视、疟疾横行的奥斯曼帝国边陲的地区，一块被马克·吐温描写为"没有希望的、令人沉闷伤心的土地"，一个人烟稀少、疾病流行的地区。

旧河山亟待重振。幸运的是，经过犹太人一个世纪的不懈努力，尽管土地还是那块土地，河山仍然是那片河山，它的面貌却已经发生了翻天覆地的变化，完全可以用"旧貌换新颜"来形容。一片曾经被认为是绝对无法养活百万人的土地，现在不仅为数量超过千万的人口提供充足的食物，而且其生产的农产品还大量出口，特别是蔬菜和花卉，已成为欧洲冬季市场的最重要来源。以色列地因此被誉为西欧的"菜篮子"和"鲜花园"。在过去的一百年，以色列人在这片土地上种植了2.5亿棵树。全世界只有两个国家在21世纪初的森林面积超过一百年前，以色列就是其中之一。辛勤的劳动加上先进的技术（如闻名世界的滴灌技术和海水淡化处理技术），使得以色列成为中东沙漠中的绿洲。一百年前被马克·吐温描写为"没有希望的、令人沉闷伤心的土地"已成为了犹太人的沃土家园。

担任过以色列总理和总统大任的佩雷斯曾经用一本名为《新中东》的书描述和勾画了中东在实现全面和平后的景象，其中对以色列地理的描绘尤为引人入胜。

俗话说"一方土地养一方人"。以色列这块孕育犹太民族的土地从古到今都是犹太人魂思梦断的不变故土。而变了容颜的以色列地在吸引越来越多犹太人前来定居生活的同时，为进一步发扬光大犹太文化提供了更好的土壤舞台。

参考文献

[1] Shalom M. Paul and William G. Dever, *Biblical Archaeology*, Keter Publishing House Ltd., Jerusalem, 1973.

[2] *Geography*. The Israel Pocket Library, Keter Publishing House Ltd., Jerusalem, 1973.

[3] 徐新、凌继尧主编《犹太百科全书》，上海人民出版社，1993。

[4] 丹尼尔·戈迪斯：《以色列：一个民族的重生》，王戎译，宋立宏校，浙江人民出版社，2018。

[5] 张平：平行逻辑 微信公众号。

附录 1

中以交往一枝春

2022年1月24日是中国和以色列建立大使级外交关系的30周年纪念日。在过去的30年，中以关系已经发生了翻天覆地的变化，两国交往经历了前所未有的发展阶段。不仅如此，早在2017年，中以就正式为两国关系定位，确立了"创新全面伙伴关系"，以创新为抓手，推进两国关系稳步向前发展。沉浸在喜悦之中的我，思绪禁不住回到建交之前的1988年。

那年的6月22日，当美联航从芝加哥直飞以色列的航班在本－古里安机场降落时，我即刻意识到自己的一个梦想成真了。与此同时，自己也在不经意间创造了一项无人可以打破的中以交往史记录：成为中国与以色列正式建立大使级外交关系之前第一位应邀访问以色列并即将在希伯来大学公开发表学术演讲的中国学者。当时的激动心情至今难忘，尽管在那以后我又先后十余次造访以色列，每次访问都有不小的收获，但1988年的访问毕竟是我第一次踏上以色列国土，第一次来到中东地区，第一次走到了亚洲的最西端，第一次如此近距离贴近以色列社会。

为什么得以在彼时造访以色列？如何在中以没有任何正式外交关系的情况下获得访问以色列的签证？我眼中看到的以色列是一个什么样子？此行对我的学术生涯会造成什么样的影响？

坦率地讲，希望有机会访问以色列的想法与我此前两年在美国的经历有着密切的关联。

我第一次走出国门是1986年夏，那是我在南京大学工作的第10个年头。与彼时绝大多数出国人员不同的是，我去美国并不是留学，而是到美国的大学（芝加哥州立大学）执教。在机场，我受到芝加哥州立大学英文系主任弗兰德教授（Professor James Friend）的亲自迎接。在驱车进城的路上，他热情地告诉我他和他的夫人决定邀请我住到他的家中，希望我能够接受他们的这一邀请。这当然是一件喜出望外的事，尽管我在之前与他的通信中（当时由于尚未有互联网，人们之间的联系主要依靠书信。而一封信件的来回大约需要一个月到一个半月）提及希望他能够帮助我在学校附近租一个房子，因为芝加哥州立大学在决定聘用我的信中明确表示学校不提供住处，必须自行解决住房问题。

弗兰德教授是犹太人，1985年秋，根据南大－芝州大友好学校交流协议曾来南大英文系任教。当时我是南大英文专业的副主任，除了行政方面的工作，还负责分管在英文专业任教外国专家的工作，因此与弗兰德教授有较为密切的接触，结下了深厚的友谊。实际上，我收到去芝州大教书的邀请就得益于他的推荐。他的夫人也是一位在大学教书的犹太人。他们的两个女儿当时已大学毕业离开了家，家中有空出的房间供我使用。能够住在他家中，显然为我这个初来乍到的人在美国生活开启了一个良好的开端，我没有丝毫犹豫就欣然接受。事实证明，由于是与一位熟悉的人生活在一起，我非常顺利地开始了在一个陌生国度的生活，没有经历绝大多数人都不可避免会在开始阶段感受到的文化冲击（culture shock）。我不用准备任何生活用品和油盐酱醋方面的物品，早晚餐和他们一起用，而且到学校教书，来回都搭弗兰德教授的便车（当然我当时尚不会驾车）。更为重要的是，生活在弗兰德的家中，不仅让我感受到家的温馨，认识和熟悉了他们的所有亲朋好友，而且与当地犹太社区有了广泛的接触。现在回忆起来，和他们生活在一起，简直就是以前所未有的方式"沉浸"在犹太式的生活之中，为我提供了一个了解犹太人和体验犹太式生活不可多得的绝佳机会。

在与犹太人交往的过程中，我对以色列这个世界上唯一的犹太国家开始有了新的认识：以色列不再只是依附于世界头号强国、不断引发周边冲突的暴力形象，而是一个为所有国民提供归属感的崭新国家。在那里，犹太民族成为主权民族，其传统不仅得到了很好的传承，而且不断发扬光大。我逐渐了解到古老的希伯来语早已在那里得到复活，成为以色列社会的日常用语，使用现代希伯来文进行文学创作的阿格农早在1966年便获得诺贝尔文学奖；基布兹作为以色列实行按需分配原则的农业形态一直生机勃勃，吸引了世界的目光。更重要的是，以色列被视为是世界上所有犹太人的共同家园。

新的认识使得我有了希望能够去看一看的想法。或许是那两年与众多犹太人有过频繁交往，或许是我在犹太社区做过一系列讲座的缘故，熟识的犹太朋友主动为实现我的这一愿望牵线搭桥——终于，在我决定回国履职之际，我收到以色列著名高等学府希伯来大学和以外交部的共同邀请，邀我对以色列进行学术访问。邀请方对我提出的唯一要求是希望我能够在希伯来大学做一场学术演讲，题目由本人决定。

根据安排，我有十天的访问时间。到达以色列时，我荣幸地受到以色列外交部的礼遇。中以建交后担任以色列驻华大使馆政治参赞的鲁思（Ruth）到机场接机，并陪同前往耶路撒冷的下榻饭店。具体负责我在以访问活动的是希伯来大学杜鲁门研究院院长希罗尼教授（Professor Ben-Ami Shillony）。次日上午，希罗尼教授如约来到饭店，与我见面。寒暄后，他递上了一份准备好的详细访问日程，并表示我有什么要求可以随时提出。

访问从驱车前往希伯来大学开始。在那里，我们除了参观了解希伯来大学，还重点参观了解了杜鲁门研究院，并参加了当日下午在杜鲁门研究院举行的研究院新翼图书馆落成揭幕式。由于新翼图书馆是美国人捐款建设起来的，美国驻以色列大使一行专程前来参加揭幕式。主宾的衣着令我印象深刻：以方的出席人员个个着西装领带，而美方人士则个个着休闲便装。而我事先了解到的以色列着装习俗应该是这样的：以色列人以随意著称，很少着西装打领带。可今天，出于对嘉宾的尊重,以方人员个个着西装打领带出席;而通常以正装出席揭幕式这类正式活动的美国人,为了表示对以色列人的尊重,特意着便装出席。彼此都为对方着想,表明两国不同寻常的亲密关系。

在接下来的参访中,几乎每一项活动都令我思绪万千,对我日后的学术研究产生重要影响。譬如,在参观了大屠杀纪念馆后,我在接受《耶路撒冷邮报》的采访时,说了这样的话:现在我终于明白犹太人为什么一定要复国。《耶路撒冷邮报》第二天报道了这一采访。对反犹主义的研究从此成为我学术研究的一个主攻方向。我不仅出版了《反犹主义解析》和《反犹主义:历史与现状》等专著,发表若干论文,而且在国内大力推动"纳粹屠犹教育",并作为中国代表出席联合国教科文组织在巴黎召开的"纳粹屠犹教育"国际会议。

在参观了"大流散博物馆"后,我对犹太人长达1800年的流散生活有了更直观的了解,感叹犹太传统在保持犹太民族散而不亡一事上发挥的作用。而博物馆中陈列的"开封犹太会堂"模型和专门为我打印的开封犹太人情况介绍促使我在回国后专程去开封调研,并把犹太人在华散居作为自己的另一个研究方向,其成果是两部英文著作和数十篇相关论文。

穿行在耶路撒冷的老城,我体验到了什么是传统和神圣;行走在特拉维夫,我感受到以色列现代生活的美妙和多姿多彩;在北部加利利地区的考察,令我切切实实地感受到以色列历史的厚重;而在南部内盖夫地区的参观,让我真真切切体验到旷野的粗犷;在马萨达的凭吊,令我感受到什么是悲壮;而在海法的游览,则使我体验到什么是赏心悦目;在基布兹的访问,令我这个曾经在农村人民公社劳动和生活过的人感慨万千——犹太人在农业上的创新做法和务实态度令我不停地发出种种追问,我被基布兹的独特性深深吸引,好奇心使我提出再参观一个基布兹的要求,并得到了满足。

由于我在南京大学最初的10年主要是从事美国犹太文学的研究,在访问期间,我提出希望能够会见以色列文学方面人士的要求,于是我便拜访了以色列文化部,并结识了文化部下属以色列希伯来文学翻译学院负责人科亨女士(Nilli Cohen)。科亨女士是学院负责在全球推广希伯来文学翻译的协调人,我与她建立了工作关系,并一直保持通讯联系。此外,我们还有幸拜会和结识了特拉维夫大学希伯来文学资深教授戈夫林(Nurit Govrin),在向她请教若干关涉现代希伯来文学的问题后,还请她推荐了一些作家和作品。由此,本人对现代希伯来文学的兴趣大增,在随后不到10年的时间内,经本人介绍给国内出版界的以色列当代作家多达50余位。1994年,我因译介现代希伯来文学再度受邀出访以色列。在出席以色列举办的"第一届现代希伯来文学翻译国际会议"之际,以色列作家协会为出席会议的中国学者专门举行了欢迎酒会,使我终于有了一个与绝大多数译介过的作家见面的机会。

我必须承认,在初次以色列之行中最触动我心灵的经历是与以色列一系列汉学家的见面交流。老实说,会见以色列汉学家并非出于本人要求,而是以色列接待方的精心安排,因为当时的我压根就不知道,也没有想到,以色列会有汉学家。以色列接待方根据我的身份——一个对犹太文化感兴趣的中国学者,认为安排我会见以色列的汉学家是一项有意义的活动。根据安排,我在特拉维夫大学会见了谢艾伦教授(Professor Aron Shai),他是一位史学家,专攻中国近现代史。我专门旁听了他的中国史课,并与学生进行了简单的交流。谢艾伦后来出任特拉维夫大学的教务长(相当于常务副校长)一职,不仅到南京大学访问过,还热情接待过由我陪同访问的南京大学校长代表团。我在特拉维夫大学会见的还有欧永福教授(Professor Yoav Ariel),他是研究中国古典文化的学者,将中国经典《道德经》译成希伯来文。在希伯来大学,我结识的汉学家有研究中国政治和外交的希侯教授(Professor Yitzhak Shichor),研究中国文化的伊爱莲教授(Professor Irene Eber)。此后我与伊爱莲教授多次在国际场合见面交流,友谊长存(伊爱莲教授于2019年与世长辞)。后来(1993年),在拜会以色列前总理沙米尔时,沙米尔在了解到我当时正在学习希伯来语后,告诉我以色列政府在50年代初就安排了一位名叫苏赋特(Zev Sufott)的以色列青年学习中文。尽管在随后的30年他一直学非所用,但是当1992年中以终于建交后,苏赋特出任以色列第一位驻华特命全权大使。

　　这一系列的会见使我惊叹不已。以色列这么一个小国（当时的人口尚不足 500 万），竟然有多位专门研究中国历史、文学、社会、政治、外交等方面的专家教授，其中有的还享有国际声誉。而就我所知，当时偌大的中国（人口是以色列的近 240 倍），却鲜有专事研究犹太文化者，中国高校亦无人从事犹太文学的教学！这一反差对我的冲击实在是太大了。作为一个在美国有两年时间"沉浸"在犹太文化中的人，出于一种使命感，我在以色列就发誓回去后一定投入对包括以色列在内的犹太文化研究。

　　回国后，我义无反顾投身于犹太学研究，确立了自己新的研究方向、开启一个全新治学领域，同时在南京大学创办了犹太和以色列研究所，组织编撰了中文版《犹太百科全书》，率先向国内学界介绍引入现代希伯来文学，建起了一座英文书籍超过三万册的犹太文化图书特藏馆，召开了包括"纳粹屠犹和南京大屠杀国际研讨会"与"犹太人在华散居国际研讨会"在内的大型国际会议，培养了 30 多名以犹太学为研究方向的硕士生和博士生……进而勾勒出了中国犹太/以色列研究的概貌。

　　回望过往，发生的一切显然过于神奇，只能用"奇迹"来描述。

　　而这一切源于 1988 年以色列的处女之旅。从此，以色列对于我而言，是一个令奇迹发生的国度。

徐新
2022 年岁首

附录 2

南京大学黛安/杰尔福特·格来泽犹太和以色列研究所简介

1992年,借中国和以色列国正式建立大使级外交关系之东风,南京大学批准成立一专事犹太文化研究兼顾教学的学术研究机构——南京大学犹太文化研究所。不过,在这之前,南京大学就已经开始对犹太文化进行研究,主要由南京大学学者牵头的学术团体"中国犹太文化研究会"(China Judaic Studies Association)于1989年4月宣告成立,并卓有成效地开展工作。随着犹太文化研究的深入,搭建一个平台(即建立研究所)显得十分重要,而这样的研究机构的出现在中国高等教育系统尚属首次。研究所正式成立的时间为1992年5月,最初名为"南京大学犹太文化研究中心",2001年更名为"南京大学犹太文化研究所"。2006年,为感谢有关基金会和个人的支持,特别是设在美国洛杉矶的黛安/杰尔福特·格来泽基金会的慷慨支持,研究所于是改名为"黛安/杰尔福特·格来泽犹太和以色列研究所",该名称沿用至今。

研究所建立之初确立的宗旨是:更好地增进中犹双方的友谊,满足中国学术界日益增长的对犹太民族和文化了解的需求,推动犹太文化的研究和教学在国内特别是在高校系统的进一步开展,培养这一学术领域的专门人才,以此服务于中国当时方兴未艾的改革开放事业,推动中国与世界的进一步融合。"不了解犹太,就不了解世界"是研究所当时提出的口号,该口号简洁明了地表明这一研究机构成立的动因。

研究所在其 30 年的历史中成绩斐然,包括:

● 组织撰写并出版首部中文版《犹太百科全书》(上海人民出版社,1993 年),该书成为中国最具权威和广泛使用的一本关涉犹太文化的大型工具书(200 余万字,1995 年获"全国最佳工具书奖");撰写并出版包括《犹太文化史》(北京大学出版社,2006 年)、《反犹主义:历史与现状》(人民出版社,2015 年)在内的著作 10 余部;组织翻译并出版犹太文化方面的著作 20 余种;编辑出版"南京大学犹太文化研究所文丛"一套;同时发表各类论文超过 100 篇。

● 在南京大学逐步开设一系列犹太文化方面的课程,不仅有专门为本科生开设的课程,更多的是为研究生开设的课程。

● 招收和指导犹太历史、文化和犹太教研究方向的硕士研究生和博士研究生。已有 30 多名研究生在研究所学习,从本研究所获得博士学位的研究生超过 15 人,大多数学生毕业后在中国各大学执教,讲授犹太历史文化方面的课程。

● 组织举办大型国际学术研讨会,促进中外学者之间的交流和研讨,包括 1996 年在南京大学召开的"第一届犹太文化国际研讨会"、2002 年召开的"犹太人在华散居国际会议"、2004 年召开的"犹太教与社会国际研讨会"、2005 年召开的"纳粹屠犹和南京大屠杀国际研讨会",以及 2011 年召开的"一神思想及后现代思潮研究国际研讨会"。

● 举办犹太历史文化暑期培训班 3 期,聘请国际犹太学学者授课,受训的中国各高校和研究机构的教师、研究人员和研究生达 100 人,有力促进了犹太文化教学和研究在国内高校的开展。

● 开展国际合作,先后举办各种类型的犹太文化展近 10 次,内容涉及犹太历史、犹太文化、以色列社会、美国犹太社团、犹太学研究、纳粹屠犹、犹太名人等,促进了中国社会对犹太历史文化的了解,增进了中犹人民间的友谊。

● 邀请超过 50 位国际著名犹太学者来华、来校进行交流、讲学，演讲场次超 100 场。

● 大力开展对犹太人在华散居史的专门研究，特别是对中国开封犹太人的研究。已发表专著 2 部（英文、美国出版）、论文数十篇，在国际学术界能够代表中国学者在这一研究领域的水平。

● 建立起中国迄今为止规模最大的犹太文化专门图书馆，仅英文藏书就已超过 3 万册，涉及犹太文化研究的方方面面。

● 与若干国际学术机构建立联系或互访，包括美国哈佛大学犹太研究中心、耶希瓦大学、希伯来联合学院、宾夕法尼亚大学、加州大学、布朗大学、以色列希伯来大学、特拉维夫大学、巴尔伊兰大学、本－古里安大学、英国伦敦犹太文化教育中心等。

● 积极筹措资金，为犹太文化研究和教学的开展提供经费支持。除了众多个人捐助，还有许多给予研究所各种研究和教学资助的国际基金会，包括：黛安／杰尔福特·格来泽基金会、斯格堡基金会、罗斯柴尔德家庭基金会、布劳夫曼基金会、列陶基金会、犹太文化纪念基金会、博曼基金会、卡明斯基金会、散居领袖基金会等。10 余年运作下来，本研究所的规模不断扩大，收益稳定，每年的收益已经能够确保每年发放奖学金数十份，奖励犹太文化研究领域的师生多名，并为各类学术活动提供经费支持。

需要特别指出的是，积极参加国际学术活动和开展国际学术交流会是南京大学犹太文化研究所学术活动的重要特点。在将国际犹太学者"请进来"的同时，研究所的教师也已大步地"走出去"。研究所的研究人员多次外出访问，特别是美国、以色列、德国、英国、加拿大等国，或在国际会议中宣读论文、交流学术，或担任客座教授讲学授课。据不完全统计，本所研究人员在若干国家发表过的学术演讲已达 700 余场次。此外，研究所每年都会选派研究生前往以色列有关大学进修或从事专题研究。通过这类学术活动，研究所与世界范围内的犹太学术界、犹太人机构及犹太社区建立了广泛而密切的联系，在扩大影响的同时，又推动了研究所各项工作的开展。

南京大学犹太文化研究所因其在犹太和以色列研究领域中取得的成就，已成为中国高校中最早对犹太文化进行系统研究并取得丰硕成果，同时又具有较高国际知名度的一所文科研究机构。